怎样学好普通话丛书

MINFANGYANQU
ZENYANG XUEHAO PUTONGHUA

闽方言区
怎样学好普通话

教育部语言文字应用研究所
国家语委普通话与文字应用培训测试中心 组编

本册主编：李如龙

编　　写：李如龙　唐若石　谢长妙

审　　读：陈泽平

中国教育出版传媒集团　语文出版社
·北京·

图书在版编目（ＣＩＰ）数据

闽方言区怎样学好普通话 / 教育部语言文字应用研
究所，国家语委普通话与文字应用培训测试中心组编. --
北京 ： 语文出版社，2024.11
ISBN 978-7-5187-1662-3

Ⅰ. ①闽… Ⅱ. ①教… ②国… Ⅲ. ①普通话－自学
参考资料 Ⅳ. ①H102

中国国家版本馆CIP数据核字(2023)第001590号

责任编辑	梁　蕊	
装帧设计	刘姗姗	
出　　版	语文出版社	
地　　址	北京市东城区朝阳门内南小街51号　　100010	
电子信箱	ywcbsywp@163.com	
排　　版	北京九章文化有限公司	
印刷装订	北京鑫海金澳胶印有限公司	
发　　行	语文出版社　新华书店经销	
规　　格	890mm×1240mm	
开　　本	A5	
印　　张	5.375	
字　　数	134千字	
版　　次	2024年11月第1版	
印　　次	2024年11月第1次印刷	
定　　价	25.00元	

📞 010-65253954(咨询) 010-65251033(购书) 010-65250075(印装质量)

我国宪法规定：国家推广全国通用的普通话。

新中国成立以来，在党中央、国务院坚强领导下，普通话推广工作蓬勃发展，取得举世瞩目的成就。2020 年全国普通话普及率超过80%，实现了普通话在全国范围内基本普及、语言交际障碍基本消除的历史性目标。新时代新征程，坚定不移推广普及国家通用语言文字，向着全面普及的新目标稳步迈进，要聚焦重点，精准施策，着力解决推广普及不平衡不充分问题，不断提升国家通用语言文字普及程度和质量。为更好满足广大群众学习普通话、提高普通话水平的需求，教育部语言文字应用研究所、国家语委普通话与文字应用培训测试中心联合语文出版社，精心策划和组织编写了这套"怎样学好普通话丛书"。

本丛书是一套基础性、大众化的普通话学习用书，包括系统描述普通话语音、词汇、语法等知识的基础读本，以及针对不同方言区的专用读本。在保证内容表述科学规范的前提下，力求语言平实、深入浅出、通俗易懂。没有语言学专业基础的读者，通过学习基础读本，能够对普通话特别是普通话语音有比较系统的了解。不同方言区的读者，通过学习专用读本，可以比较熟练地掌握普通话与方言的对应规律，针对学习重点与难点进行练习，更快更好地提高普通话水平。

应邀参加本丛书编写、审读的专家学者，既有享有盛誉的著名语言学家，也有学有专长的知名专家和优秀青年学者。他们长期从事普通话教育教学及研究，具有扎实的专业理论功底和丰富的实践经验，对推广普通话满怀热忱，对编写和审读工作精益求精，保证了本丛书的科学性、专业性和实用性。谨向他们表示敬意和感谢！

教育部语言文字应用研究所

国家语委普通话与文字应用培训测试中心

| 目　录 |

导　论

　　本书是为福建省内普通话还没有完全过关的人编写的普通话辅导读物。应该说，目前福建省的普通话是大体上普及了，但还有少数人说得不太流利，这对他们对外交往、学习新知识、利用网络、彻底脱贫、跟上时代的步伐是会有妨碍的。

　　以往编的普通话辅导读物多是给参加普通话测试的人员所用，起点高，要求严，涉及的字音、词汇和句型都比较全面，使用的专业术语也多。如果说，那是用于正规化训练的提高版，本书便是入门阶段的普及版。1956 年国务院发布《关于推广普通话的指示》，1958 年第一届全国人民代表大会第五次会议公布《汉语拼音方案》，到现在都 60 多年了。"文革"过去以后，改革开放到现在也 40 多年了。在这期间受过义务教育的青壮年福建人，在良好的"推普"环境中，应该说，他们的普通话都大体过关了。只要有了高小文化程度，在广播电视迅速普及之后，听懂普通话也不是大问题。只有之前的那一代中老年人，有的本来就文化水平不太高，后来也很少出门接触外部世界，几十年都住在本乡本土，经常说当地方言，说普通话的机会不多，要他们说好普通话就会有些困难。帮助他们过普通话的关，也就成了当前推广普通话不可缺少的"扫尾"工程，也是深度扶贫的应有措施。

尤其在现代社会，网络已经普遍覆盖，手机正在中老年人中迅速普及，网络的运用正在改变人们的思维习惯和生活方式，而信息处理的重点正是语言文字的运用。如何让那些跟不上信息化时代的中老年人，正确地输入普通话标准音，使用规范的词汇和语法，就是我们当前所面临的问题。这个问题如能尽早解决，这部分人在使用电脑和手机等现代通信工具时，就会更加得心应手，中老年人也就不会落伍了。许多单位为退休人员办起老年大学，如有必要开设"普通话进修班"，本书就可供选用。

学习普通话，首先要知道普通话的语音。福建省的方言，语音上和普通话差别很大，但是并非漫无规律。对南方的中老年人，不可能、也不必要求他们像老师那样练出一口标准音，只要把方言和普通话明显不同的地方改过来，听起来不走样、能和外地人沟通就行了。本书的第二章先介绍学习普通话语音、纠正方言语音影响的重点和难点，按照声母、韵母、声调和连读音变等分为几节，把容易读错的音分类列举，罗列常用的例字。普通话的轻声和儿化现象是福建省的方言普遍没有的，需要当地人认真学习，书中只列出数量不多的有区别意义作用的词语。普通话中和方言不同的多音字，也挑些常见的列表加以说明。汉字的注音就用现行的汉语拼音。这套拼音已经推行60多年，半个多世纪以来，普及教育的识字、读书和学习普通话都是运用汉语拼音为汉字注音的，现行的所有字典、词典一应通用，外国人学习汉语、阅读中文文献，也无不使用汉语拼音。中老年人小时候也是学习过的，如果淡忘了，读读本书应该能唤起当年的回忆。

福建省的方言和普通话不但语音差别大，词汇、语法上也有许多不同。汉语的语音、词汇和语法都是和汉字结合起来的，所以学话要和认字、掌握字音和字义结合起来。词汇是用字组合起来的，就像盖房子的砖瓦和木料，语法则是各种建筑材料的构造方法。本书是帮助大家学说普通话的，不是语言学的教科书，为了减轻学习负担，书中尽量不用或少用语言学的术语，就用具体的例字、词语和句子，一项项地讲，一个个地学。如果本来识字不多，还能通过学话和认字，提高文化水平。

本书的三、四两章介绍福建省的方言和普通话在词汇、语法上的主要差异。有些方言说法很特殊，但是因为太常用，只要初步学些普通话，反倒不容易说错。例如："人"说"侬"，"脚"说"骹"，"儿子"说"囝"或"子"，"房子"说"厝"或"屋"，"吃"说"食"，"走"说"行"，"睡"说"眠"，"你"说"汝"，"他"说"伊"或"渠"，"高、低"说"悬、下"，"插秧"说"栽禾"，"说话"说"话事"，"很大"说"野大"，"不认识"说"唔八"，"我跟你说"说"我共汝讲"，"再来一次"说"介来蜀头"或"阁来蜀摆"。这些研究方言时需要认真探讨的"方言特征"，本书倒是不做专门的讨论，要帮助大家学的是经常会说错的那些话，或者是不知道怎么说的话。例如："被、袜、桌、桃"不能单说，要在后面加个"子"；"包儿、杯子、骨头"不能说成"包包、杯杯、骨骨"；"哥哥、妹妹"不能说成"侬哥、侬妹"或"老伯、老妹"。又如"有去"（去过）、"看有听没有"（看到了，听不到）、"破去"（破掉）、"穿去五年"（穿了五年）、"来去看电影"（看电影去）、"比较不香"（不怎么香）、"你走前面"（你前面走）、"说大声点"（大点声说）、"门关去"（关上门）、"烟来一支"（来支烟）、"我打他不过"（我打不过他），这些话语用对照的方式罗列出来，多看几遍就能把自己经常说错的地方改正过来。

有的词汇在福建省的方言和普通话中往往只有个别字不同，说惯了本地话常常就按照方言的说法"翻译"成普通话，外地人听了就很难理解，不便沟通。例如："裤腰"说"裤头"，"裤腿"说"裤脚"，"丢失"说"没有掉"，"失火"说"火烧家"，"馄饨"说"扁肉"，"年初"说"年头","缝纫机"说"针车",牛、马、鸡和蚊子的数量都一概论"头",沙子、蛋和篮球则同样论"粒"。这些说法如果不改正,有时还会造成误解。还有些话,福建方言的说法和普通话很不同,因为不常用,本地人没有机会学到普通话的说法,要和外地人说起这些话时,就会找不到词儿。例如:脖子、膝盖、脚后跟、络腮胡子、口袋。这些词汇在福建方言里有各种不同的说法,没在外地住过,和外地人接触也不多的人,常常一时不知道用普通话怎么说,本书对此也有介绍。还有些普通话口语里很常用的话,但在正式场合或者书面表达中并不常用,在福建方言中往往用别的方式来表达,许多福建人到外地去,乍一听到这些话,就不知道是什么意思。例如:贫嘴、邪乎、攒钱、这么着、咋整、凉白开、爱谁谁、黑灯瞎火、瞧你说的、不得安生、你真没劲。真叫人听得"一头雾水"。这种北方话的口语词,本书也挑些经常听到的加以介绍。

本书的第五章是帮助读者阅读普通话的书面文章和练习说普通话的一些方法,最后附有两篇朗读作品,用汉语拼音注明读音,并对福建人容易读错的音作了一些提示。

学习普通话,最重要的是认真听、仔细想、大胆说。听听别人怎么说,谁说得好,谁说得差;想想方言和普通话有哪些相同点,又有哪些不同之处,怎么学才能学得快、学得好;一有机会就多练多说,不断提高。另外需要注意的一点是"常用多学,学了就用"。语言是一片汪洋大海,学起来是无穷无尽的,先把最常用的学好,是个聪明的办法。掌握了常用的,既能增强信心,也能连词造句,举一反三,扩大成果,获得新知,因为不常用的词语和句子都是从常用的词语和句子中派生出来的。为什么要学了就用?这就是"实践出真知"的道理。语言是口耳之学,只有不断地进行听说读写的操练,才能真正具备使用语言的能力。

最后，还有一点是必须说明的，就是本书的书名。这是按照丛书的编辑要求定的。需要说明的是：第一，福建省内并不都是闽方言区，闽西有一大片客家方言，西北角邵武一带通行的是赣方言，浦城北大半说的是吴方言，还有南平、长乐有几处官话的方言岛。这在"概说"里，将有简单的说明。在对比方言和普通话时，对于客家方言、赣方言的情况也有一些反映，因为福建省的推广普通话和普通话测试训练，历来是面向全省，兼顾非闽方言区的。因此，本书行文之间常说"福建人说普通话"如何如何。

第二，闽方言也不光是分布在福建省内。在广东省的潮汕地区、雷州地区和海南省全岛，还有台湾省的大部分地区，说闽方言的人已经大大超过了福建省的人口，尤其是台湾的闽南话和厦门、漳州、泉州的闽南话并无多少差别。此外，浙江东南角还有几个县通行着闽方言，香港、江西、广西也有少数闽方言岛；东南亚的新加坡、马来西亚、印度尼西亚、泰国、菲律宾、越南、缅甸等许多国家，也有上千万的华人是福建人的后裔。对于福建省外和境外的这些以闽方言为母语的人，要学好如今通行于全国的普通话，本书也可以给他们提供有益的帮助。当然，流播到省外、境外的闽方言和福建省内的闽方言相比已经有不少变化，但是语音特点、常用词和语法特点上还是有不少可以参考的。

| 第一章 |
概　说

一、福建省是方言复杂的省份

　　福建省历来以方言复杂而著称，其中分布最广的方言是闽方言和客家方言。福建省是闽方言的故乡，闽方言因形成于闽地而得名，国内各有关省区如广东、海南、台湾等地以及东南亚上千万华裔所说的闽方言都是从福建繁衍出去的。

　　闽方言大体上形成于唐代。当时福建的五个州应该都通行闽方言，福州是现在通行闽东方言的地区，建州是现在通行闽北方言的地区，泉、漳两州现在则通行闽南方言。到了唐代之后，聚集在赣南的客家人从宁化陆续进入闽西，开元间在长汀设立汀州，后来，那一带形成了客家方言，闽西成了客家人的祖居地之一，赣南、闽西一般被认为是客家方言的摇篮地。

　　经过千年的变迁，后来的闽方言又从闽南话中分出了莆仙方言，分布在明清时期的兴化府，即现在的莆田、仙游地区。闽北方言的南片，因为和闽西客家方言交混而分出了闽中方言，分布在永安、三明、沙县一带。在闽西北的邵武府，由于宋元之后江西移民的大量进入，大部分地区逐渐变为说赣方言，连武夷山地区的建阳和武夷山也掺入了一些赣语的成分。闽北北端的浦城城关以北的大半个县的方言，则因为浙南吴语区移民的进入而蜕变为吴方言。此外，由于明清之后的卫所制度，官话区的兵士入闽驻守，形成了南平市郊和长乐洋屿乡两个官话方言岛，武平县的八所则是赣方言岛。这样，在福建境内，就有了全国七大方言中的闽、客、赣、吴、官话五种大方言。

方言形成于自然经济下的封建割据时代。福建山地、丘陵面积大，分布广，在交通阻隔的古代社会，分布最广的闽方言就沿山、沿江形成了几种相差甚大的次方言。几种大方言在这里相互穿插，相邻方言又就近交往，发生相互影响，不但次方言之间难以通话，有时在一个县里就有多种难以沟通的小方言。像戴云山区的大田、尤溪，一个县内就有五六种相互听不懂的话；在浦城县西北部的闽浙赣边界，上述的五种大方言都有；在闽、客方言交接的连城县内，竟有几十种明显不同的口音。"十里不同音"在旧时的福建，是随处可见的。上世纪50年代初期，本地人能听懂普通话的很少，山东、山西南下干部和当地人无法沟通，有时县里开大会，还得配上几个"翻译"。

二、七十年来语言生活的巨大变化

新中国成立以后，随着政治的统一、经济的发展和文化教育水平的提高，福建省政府和教育部门在推广普通话方面做出了很大的努力，福建人民的语言生活发生了天翻地覆的变化。1956年福建省政府成立了推广普通话委员会，在社会扫盲教育中仿照学校语文教学的办法，让群众同时学习普通话。在"大跃进"的高潮中，方言复杂的大田县吴山乡，由青年人带头，创造了在78%的人口中普及普通话的成绩，1958年《人民日报》对此作了详细报道，《红旗》杂志发表评论，把它誉为"奇迹"。《汉语拼音方案》公布之后，在福建省教育厅的组织推动下，大田、将乐和东山等县，先后开展了学习《汉语拼音方案》、扫盲和推广普通话"三结合"的群众运动。1960年之后，在教育部指导下，福建省教育厅在厦门大学和福建师院组织师生，对全省72个县的方言开展了逐县的普查，同时编写了几本供不同方言区的人使用的学习普通话手册，到一些县举办普通话师资培训班，重点在普及教育中提高普通话教学成绩，先后在尤溪、将乐、泰宁、闽清等地创造了一些先进经验。1978年福建省先后成立了文字改革领导小组和福建省语言学会，1986年又成立了福建省语言文字工作委员会，继续推动普通话的普及工作。经过近半个世纪的努力，到1998年全国语言文字使用情况国情调查时，就"能用普通话与人交际"这一项，据统计，全省平均比例为80.28%，是全国各省份中最好的成绩。①

　　近20年间，由于国民经济和教育事业的高速发展，城镇化的加快进展，南北之间的城乡人口大交流，中小城市的普通话更加普及。但是有些地方，文化程度较低的、平时很少出门的中老年人还不太能说普通话。他们以前总是住在老家，如今也常常要到外地旅游；越来越多的外地人到本乡来打工、经商或旅游，本地人也需要同他们打交道。说惯了本地方言的中老年人，如果能够补好普通话这一课，不论在本地还是到外地工作和生活，都会方便很多。

　　我们也应该看到，方言作为历史文化遗产，保留了世世代代承续下来的传统文化，尤其是那些具有深刻含义的成语和谚语，有趣的山

---

　　① 这是2001年调查结束、2003年整理、2006年出版的国家语委发布的《中国语言生活绿皮书·中国语言文字使用情况调查资料》一书所提供的数据。

歌、传说和民间故事，都有助于传递优秀的思想观念和道德传统，具有深刻的教育意义。现在不少城镇的中小学生，已经习惯于使用普通话，许多年轻人对于本地的方言已经逐渐淡忘，有的只能听而不能流利地说了，在家庭之内，甚至出现祖孙之间难以沟通的局面。如果能够让祖辈学会普通话，使祖孙之间能够经常深度交流，祖辈向孙辈学普通话，孙辈向祖辈学方言，这就既有助于普及普通话，使老年人掌握新知识、认识新事物，又能使少年儿童学习方言、了解传统文化、增加自己的知识。这样，普通话和方言得以共存，祖孙之间也能正常沟通，这样的语言生活，对于家庭的和睦、社会的和谐，乃至经济的发展和文化的繁荣都能起到良好的推动作用。

| 第二章 |
福建人学习普通话语音的难点

福建人初学普通话，往往让外地人尤其是北方人听不懂，首先是语音的问题。在轮船码头，一个北方人如果听到这样的话，"卖油桃顶的床票，就买饿顶的哑阔椅"，怕是很难听明白是"没有头等的船票，就买二等的也可以"。说惯了福建的方言，要说一口语音标准的普通话，确实需要很长时间的努力。但是，如果先抓住主要难点，下点功夫，做到不引起误解，也不是办不到的。本章先讨论学习普通话语音的主要难点是哪些，再讨论面对这些难点，怎样利用规律学得更好些、更快些。

汉字的字音是可以分解的，从一个字的音节单位来说，可以分为声母、韵母和声调，几个字连成词语之后，又有连读音变。下文分析主要难点时就按照这四个方面分别讨论。

普通话是现代汉语共同语，方言是它的地域变体，共同语和方言都是从古代汉语演变而来的，由于有共同的来源，二者之间就存在着对应规律，方言区的人学习普通话语音就可以利用对应规律进行批量学习，不必一个字一个字地学。普通话和方言都是用汉字记录书写的，汉字大多数是形旁和声旁组成的形声字，早期定形的汉字，其声旁记录的是古代的语音，和普通话及方言的语音也有一定的对应关系，利用汉字的声旁，也可以帮助我们辨认字音，克服方言语音的影响，加快学习标准音。此外，还可以利用声韵调之间的拼合规律来辨别普通话的标准音。下文在讨论如何抓住学习普通话语音的主要难点时，会对这些规律进一步说明。

学习普通话语音不能只学习字音，而应该和词语读音的辨别、记忆结合起来。下文在列举普通话语音的学习难点时，有时列举字音表，更多的是列举词语，以便于大家练习。

一、声母

普通话 21 个辅音声母中，福建人最大的困难是掌握 zh、ch、sh，区分 f 和 h，区分 n、l 和 r。

（一）掌握 zh、ch、sh

福建省内各方言都没有 zh、ch、sh 声母，长汀、连城、永安一带有舌叶音 [tʃ]、[tʃʰ]、[ʃ]，和 zh、ch、sh 相近而不相同。说普通话时，福建人常把 zh、ch、sh 错读为 z、c、s。把"山下"说成"三下"，把"商业"说成"桑叶"。

zh、ch、sh 叫作"翘舌音"。长汀、连城、永安一带的方言 [tʃ]、[tʃʰ]、[ʃ] 和翘舌音相近。学会翘舌音并不难，在发 z、c、s 或 [tʃ]、[tʃʰ]、[ʃ] 时把舌尖顶住上颚再向后移一点就行了。难的是要知道哪些字该翘舌。

1. 利用闽方言与普通话的语音对应规律

分不清 zh/ch、z/c 时，凡是闽方言声母读 d、t 的，在普通话中不能读成平舌的 z、c、s，只能读成翘舌音，例外字极少，只有"泽、择"。例如：

　　d → zh：贞侦珍阵镇；猪蛛竹著筑；知蜘侄致智；直值植置；中忠仲

　　t → ch：虫；耻；拆

　　常用字中闽方言读成 d、t 的还有如下一些字：

　　zh：摘展张赵哲郑轴转追桌

　　ch：茶拆肠场畅朝趁程持筹除传锤啜

2. 利用声旁类推规律

　　凡是声旁在普通话中读 d、t 的，读翘舌音。例如：

　　单 d → ch 禅蝉阐

　　旦 d → zh 昼，ch 查颤，sh 擅

　　兑 d → sh 说税

　　台 t → zh 治，ch 笞，sh 始

　　童 t → zh 撞幢，ch 憧

　　声旁不读 d、t，但声旁与读 d、t 的字有关的，大多也读翘舌音。

例如：

　　寺（d 等待 t 特）→ zh 痔峙，ch 持，sh 诗恃侍

　　耑（d 端 t 湍）→ zh 惴，ch 揣踹喘

　　隹（d 堆 t 推）→ zh 稚锥椎准，sh 谁

　　者（d 都）→ zh 猪煮著箸，ch 储躇褚，sh 暑署曙奢

　　召（d 貂）→ zh 招昭照，ch 超，sh 韶劭绍邵

　　占（d 店 t 贴）→ z 粘沾毡站战砧

　　垂（t 唾）→ ch 锤捶陲，sh 睡

　　享（d 敦）→ zh 谆，ch 淳醇

　　以下读翘舌音的字也可以利用声旁帮助记忆：

　　直植殖值置／矗

章漳彰樟璋障嶂瘴

州洲

长张涨帐账 / 伥

至侄致窒桎 / 室

真稹镇 / 嗔 / 慎

者猪诸煮潴著箸 / 曙储 / 奢暑署薯曙

朕诊疹 / 趁

朱珠株诛蛛 / 殊

中盅钟衷肿种仲 / 冲忡

旨脂指

主拄住驻注蛀

正征整症政证 / 惩

少沙纱砂莎裟痧鲨 / 抄钞吵炒

支枝吱肢 / 翅（例外："吱"有 zhī/zī 两读）

辰宸晨 / 振赈震

昌娼猖倡唱

善膳缮鳝

市柿

衫杉

率摔蟀

树澍

山舢讪汕

3. 利用普通话中声母和韵母的拼合规律

（1）ua、uai、uang 只与 zh、ch、sh 相拼，例如：

ua 抓爪刷耍

uai 拽揣衰甩率帅

uang 庄装撞状窗床闯创双爽

（2）en 与 zh、ch、sh 相拼，例外字常见的有"怎、参（差）、岑、森"，例如：

贞侦真镇珍诊疹胗枕振赈震箴

陈沉辰宸晨尘臣趁称

身申伸呻神审婶肾慎渗

（3）eng 与 zh、ch、sh 相拼，例外字常见的有"层曾增憎赠蹭僧，铛"，例如：

征正证症争睁筝挣整拯政郑

称撑成诚呈程承乘惩逞聘秤

生牲笙甥升声绳省圣胜盛剩

（4）ong 只与平舌音 s 相拼，例如：

松淞讼忪悚耸怂宋送颂诵

4. 词语练习

（1）对比练习

zh—z

札记—杂技	摘花—栽花	毡子—簪子	战歌—赞歌
战时—暂时	招了—糟了	找到—早稻	照旧—造就
争光—增光	征订—增订	证人—赠人	支援—资源
支柱—资助	知识—姿势	织补—滋补	志愿—自愿
制造—自造	制止—字纸	质变—自便	治理—自理
终止—宗旨	主力—阻力	嘱咐—祖父	地址—弟子
仿照—仿造	拉闸—拉杂	老周—老邹	棉纸—棉籽

ch—c

插嘴—擦嘴	蝉联—残联	常住—藏住	撤身—侧身
成精—曾经	池塘—祠堂	持续—词序	赤手—刺手
重来—从来	臭钱—凑钱	出操—粗糙	出活—粗活
出戏—粗细	初步—粗布	触动—促动	春装—村庄
戳伤—磋商	短处—短促	花虫—花丛	两成—两层
乱吵—乱草	木柴—木材	推迟—推辞	小炒—小草
新春—新村	鱼翅—鱼刺		

sh—s

近视—近似	杀人—仁人	杀手—撒手	筛子—塞子
晒场—赛场	山国—三国	山脚—三角	山色—三色
闪光—散光	商业—桑叶	申述—申诉	生人—僧人
失利—私利	师长—司长	诗人—私人	湿巾—丝巾
实数—食宿	史记—死记	使节—死结	收集—搜集
输了—酥了	树立—肃立	竖写—速写	午睡—五岁
乡试—相似	形势—形似		

（2）组合练习

zh+zh

站长	支柱	直至	指正	纸质	制止	中指
终止	种植	住宅	注重	专职	装置	壮志

ch+ch

常常	长城	长处	超出	乘除	驰骋	踟蹰
赤诚	重唱	抽出	踌躇	出产	出丑	除虫
传唱	传承	船厂	船场			

sh+sh

山水	杉树	上升	上市	少数	设施	伸手

绅士	深受	省事	石狮	事实	适时	逝世
手上	手势	手术	受伤			

zh+ch/sh

摘茶	展示	战场	战胜	战士	战事	章程
长成	招生	照射	侦查	侦察	真诚	真实
真事	斟茶	阵势	争吵	征收	正常	正式
正事	正视	证实	支撑	支持	支出	知识
职称	只是	指出	指示	智齿	中场	中暑
忠诚	忠实	终场	终身	终生	种树	重视
猪舍	注射	转身	转生	装饰	壮实	壮士

ch+zh/sh

蝉声	产生	产值	阐述	长征	尝试	常识
常熟	常数	车上	车站	沉重	沉着	陈述
成熟	成长	诚实	城市	城镇	充实	出神
出生	处置	畜生	船只	创伤	垂直	

sh+zh/ch

上乘	上涨	设置	摄制	伸直	深知	神志
审查	甚至	升值	生长	生殖	声张	失常
师长	时常	实诚	实战	始终	市场	市长
适中	室长	手掌	手纸	手指	树枝	树脂
树种	数值					

zh+z

渣滓	张嘴	长子	帐子	沼泽	振作	知足
知罪	职责	指责	制造	制作	治罪	中资
种子	种族	珠子	竹子	主子	柱子	著作
铸造	壮族	准则	桌子			

ch+c

差错	场次	唱词	炒菜	车次	陈词	成才
冲刺	虫草	出彩	出舱	出操	出错	初次
除草	储藏	储存	楚辞	揣测	穿刺	春菜
春蚕	春草	纯粹	莼菜	蠢材		

sh+s

山色	上诉	上锁	哨所	申诉	深思	深邃
神思	神似	神速	生色	生涩	生丝	生死
声色	声速	绳索	胜诉	胜算	十四	收缩
守岁	疏散	疏松	输送			

z+zh

杂志	杂质	栽种	在职	载重	增长	增值
资质	资助	辎重	自助	总账	族长	阻止
组长	组织	罪证	尊重	遵照	作者	作证
坐诊	坐镇	做账	做主			

c+ch

财产	采茶	餐车	残喘	操场	草创	辞呈
磁场	此处	粗茶	促成	存车	存储	

s+sh

三十	散失	桑葚	丧生	丧失	扫射	私事
死神	死水	四声	四十	四时	诉说	素食
速胜	宿舍	算式	算术	算数	随身	随手
损伤	损失	唆使	琐事			

5.绕口令练习

（一）

树上有四十四个涩柿子，树下有四十四个石狮子，

四十四个石狮子，不是四十四只死狮子。

四十四个孩子，骑着狮子数柿子。

（二）

四是四，十是十，十四是十四，四十是四十。

要想发准四，舌尖对上齿；

要想发准十，舌尖翘起别伸直。

谁能数准四十四，就请开口试一试！

（二）区分 f 和 h

闽方言大多没有 f 声母，把普通话的 f 声母字都读成 h 声母，"公费"说成"工会"，"发布"说成"花布"。客赣方言 f 声母字又太多，把普通话 h+u 的字也读成 f，把"换钱"说成"饭钱"。

练习发音时注意，h 是舌根音，舌面后部隆起与软腭成阻，气流从舌面与软腭间流出。

学好 f、h 的发音也不难，难在区辨字类。

1.利用闽方言与普通话的语音对应规律

凡是方言读为 b、p 声母的字或声旁，普通话只能读 f，不可能读 h。例如：

方坊芳枋房纺放分粪帆反饭飞肥痱沸吠佛浮幅斧富腹缚覆

凡是 h 声母字，其声旁一定与 g、k 有关。例如：

古苦—胡湖糊

光—恍晃

— 18 —

瓜苽—弧狐

共—哄烘洪蕻

干刊—罕旱汗扞骭焊捍悍

2. 利用声旁类推规律

风枫疯讽

方芳坊防肪妨仿访纺放

分芬吩纷氛酚汾粉份忿

凡帆矾梵

甫敷辅脯傅缚

畐福匐幅辐蝠副富

夫肤麸趺扶芙蚨

复腹覆馥蝮

蜂峰烽锋逢缝浲

奉俸唪

法砝琺

弗费沸狒佛拂氟

付符苻府俯腑腐附跗驸咐拊鲋

非菲啡绯扉蜚霏鲱腓匪诽悱斐榧翡痱

反返饭贩畈

伐筏阀垡

犯范

番翻藩幡璠燔墦

发废

父爷釜

伏茯袱

3.词语练习

（1）对比练习

f—h

白发—白话	步伐—不滑	船夫—传呼	发酵—花轿
发廊—画廊	发落—花落	发钱—花钱	发生—花生
发展—花展	乏力—华丽	翻腾—欢腾	翻新—欢心
凡是—环视	犯人—换人	饭碗—换碗	方圆—荒原
芳草—荒草	防虫—蝗虫	防风—黄蜂	防空—航空
房后—皇后	放荡—晃荡	飞机—灰鸡	肺病—会病
废话—会话	废话—绘画	废物—会务	废置—绘制
费心—会心	费用—会用	分房—昏黄	分钱—婚前
分头—昏头	奋战—混战	佛法—活法	佛像—活像
浮上—湖上	浮水—湖水	浮想—胡想	幅度—弧度
福州—湖州	俯视—虎视	父爱—互爱	附注—互助
复句—沪剧	富丽—互利	公费—工会	花费—花卉
舅父—救护	开发—开花	开方—开荒	理发—理化
农妇—农户	舒服—疏忽	通分—通婚	西服—西湖

（2）组合练习

f+f

发放	发奋	反复	犯法	方法	防范	放飞
非法	非凡	非分	肺腑	狒狒	分房	芬芳
吩咐	纷繁	纷飞	丰富	风范	蜂房	夫妇
付费

f+h

发话	发还	发慌	发挥	发昏	翻悔	反悔
返还	返回	犯讳	饭盒	泛黄	防护	防火

放火	分红	分洪	分会	汾河	粉盒	粉红
赴会						

h+f

豪放	合法	合肥	横幅	虎符	护肤	花费
花粉	化肥	划分	画法	画舫	画符	画幅
话费	换房	焕发	恢复	回复	婚房	活佛
伙房						

h+h

含糊	含混	行话	行会	呵护	合乎	合伙
荷花	呼唤	胡话	虎患	互换	欢呼	还魂
换汇	黄河	黄昏	辉煌	回还	回环	昏黄
祸害						

4.绕口令练习

黑化肥发灰会挥发，灰化肥挥发会发黑。

（三）区分 n、l 和 r

福建的方言，除少数地方之外，都能分 n、l。有的方言 n、l 有别，但与普通话不一定对应（如闽南），有的方言 n、l 可自由变读（如福州）。而 r 声母是福建各方言都没有的，是大家共同的难点。

发 l 若有困难，只要在 l 前加 g（或 k、t）快读，便可轻松带出 l。例如：

列宁格勒	可口可乐	歌乐山	史沫特莱
屎壳郎	黑咕隆咚	窟窿	土龙

没掌握好 r 声母的人通常把它发成 n 或 l 的音。如"热烈"说成"乐烈"，"仍旧"说成"能救"，"闰月"说成"论月"或"嫩月"。

1. 利用闽方言与普通话的语音对应规律

闽东、闽北方言和闽西客家话读的零声母或声旁读零声母的字，如果普通话不能读为零声母，就可能读 r。例如：

然燃饶扰绕惹忍刃任纫妊绒容蓉溶榕融如儒乳辱入锐若弱（例外：而）

普通话 r 声母字，龙岩有的读 g，有的读 d。

龙岩文读 g →普通话 r：然人壬闰弱茸绒

龙岩白读 d →普通话 r：染惹人儒入软

2. 利用普通话中声母和韵母的拼合规律

齐齿呼、撮口呼韵母都不与 r 相拼，这类韵母只能和声母 n 或 l 相拼。例如：你、李、女、吕。

uei 只与 r 相拼，不与 n、l 相拼。例如：蕊、芮、锐、瑞、睿。

3. 利用声旁类推规律

r

饶娆桡绕

然燃

嚷瓤壤攘

人认

壬任荏饪妊纴衽

刃忍仞纫韧轫

扔仍

柔揉蹂鞣

容蓉榕熔溶瑢

戎绒

辱蓐溽缛褥

儒濡孺襦蠕

n

那哪娜挪

内纳呐钠衲

奈捺

乃奶氖

脑恼瑙垴

南楠喃腩

尼妮泥呢昵

倪霓

你您

聂镊蹑

妞扭纽钮忸狃

娘酿

宁拧咛柠狞泞

奴孥驽努弩胬怒

l

洛落络路露

辣喇剌懒赖濑癞

菱棱陵凌绫

蓝篮褴滥

览揽缆榄

列例咧烈裂冽洌

雷擂镭礌蕾

连莲涟琏链练炼

良莨粮踉郎狼阆琅廊榔朗烺浪

兰拦栏烂阑谰澜斓

令伶泠玲铃蛉岭羚龄瓴翎领苓零

卢炉栌鲈泸轳舻胪垆鸬颅芦庐

只有少数 n、r 声母的偏旁会交叉，值得注意。

乃奶氖 / 扔仍

囊馕 / 让（譲）瓤嚷壤攘

挠铙蛲桡 / 饶娆荛桡绕

内呐纳钠衲讷 / 芮汭枘

念鲶捻埝 / 稔

匿诺 / 若偌喏惹箬

糯懦 / 嚅濡孺蠕

女 / 汝

从数量上来说，普通话 l 声母字多，r 声母字最少。r 声母字的声旁只与 n 相通，和 l 不相容，设法记住 r 和 n，其余便都是 l 了。

nü 女 / lü 驴旅吕侣铝闾榈缕褛捋履虑滤绿氯率律

nei 内馁 / lei 雷蕾擂镭羸耒磊垒累类泪勒肋

nin 您 / lin 临邻拎鳞遴嶙林淋琳凛赁吝

run 闰润 / lun 仑抡伦沦纶轮论

nen 嫩恁 / ren 人认壬任饪妊刃忍仞纫韧

4. 词语练习

（1）r 声母练习

然而	燃烧	染色	让步	饶恕	扰乱	绕道
热爱	人群	人手	成人	伤人	商人	诗人
熟人	树人	主人	助人	住人	仁慈	忍受

任凭	韧带	仍旧	日期	荣获	荣誉	绒毛
容貌	容人	溶洞	融合	融化	柔道	柔和
肉体	如此	如果	如何	如期	乳白	入耳
入关	入侵	入座	出入	切入	融入	深入
渗入	收入	注入	软骨	锐角	润滑	若干
弱点	弱小	承认	鹿茸	湿润	瘦肉	侏儒
诸如	主任					

（2）对比练习

l—n

大梁—大娘	大路—大怒	分裂—分蘖	干粮—干娘
荷兰—河南	加量—佳酿	兰陵—南宁	拦住—难住
蓝布—南部	蓝裤—男裤	蓝山—南山	褴褛—男女
篮球—难求	篮子—男子	烂梨—烂泥	老龙—老农
老路—恼怒	老人—恼人	老子—脑子	梨子—呢子
篱笆—泥巴	连带—年代	连连—年年	连夜—年夜
联合—黏合	廉洁—年节	留恋—留念	流连—牛年
硫黄—牛黄	隆重—浓重	旅客—女客	马料—马尿
水流—水牛	围栏—为难	无赖—无奈	小刘—小牛

r—l

不然—不蓝	出入—出路	鹅绒—鹅笼	很热—很乐
金融—金龙	利润—立论	呢绒—尼龙	染的—懒得
扰乱—老乱	柔道—楼道	孺子—炉子	乳汁—卤汁
入地—陆地	入口—路口	褥子—路子	弱点—落点
天然—天蓝			

r—n

白刃—白嫩	很软—很暖	猛然—猛男	然而—男儿

燃烧—难烧　　认得—嫩的　　仍旧—能救　　溶度—浓度

入心—怒心　　软的—暖的　　软活—暖和

n—l—r

农盐—龙岩—熔岩　　怒容—鹿茸—褥绒　　花农—花龙—花荣

（3）组合练习

n+n

拿捏	奶牛	男女	南宁	难耐	难念	喃喃
恼怒	能耐	泥泞	年内	年年	黏腻	妞妞
牛腩	牛年	扭捏	女奴			

l+l

拉力	来历	来路	老脸	老练	老路	冷落
理论	力量	利率	连理	联络	嘹亮	料理
淋漓	留恋	流泪	流离	流连	流露	陆路
罗列						

r+r

冉冉	嚷嚷	让让	人人	人瑞	仁人	忍让
忍辱	认人	仍然	茸茸	荣任	容人	容忍
溶溶	融融	柔韧	柔软	柔弱	孺人	

l+n

来年	赖你	烂泥	劳您	老男	老尼	老年
老娘	老牛	老农	冷暖	列宁	留念	流年
六年	落难					

n+l

奶酪	耐劳	男篮	脑力	内陆	能力	能量
年历	年例	年龄	年轮	鸟类	牛栏	牛柳
农历	农林	奴隶	努力	暖流		

r+l

燃料	染料	让利	让路	扰乱	绕路
热浪	热泪	热力	热恋	热量	热烈
热流	人类	人力	人流	人伦	认领
日历	日落	容量	熔炼	熔炉	蹂躏
如流	乳酪	入殓	入列	入流	锐利
惹乱子	热辣辣	人来疯	如来佛	绕梁三日	日理万机

r+n

惹恼	热闹	热能	忍耐	日内	容纳	乳牛	入内

5. 绕口令练习

（一）

刘郎年年恋刘娘，刘娘连连念刘郎，郎恋娘来娘念郎。

（二）

n 和 l，要分辨，念一念，练一练，不怕累，不怕难，连年练，念连年，能分辨，就不难。

（四）区分送气和不送气声母

普通话声母中，六个塞音和六个塞擦音分为送气和不送气音。送气音，是塞音、塞擦音在发音时口腔呼出的气流比较强；不送气音，是发音时口腔呼出的气流比较弱。

有些字在客赣方言中读为送气音，而在普通话中是读为不送气的。这类字在古代汉语中属于"全浊声母"，后来大多数方言浊音清化之后，走的路向不同，在普通话中是逢平声送气，逢仄声不送气，而福建西部的客赣方言，不论平仄一概送气，所以就造成了差异。客赣方言送气音比普通话多，有时就会把不送气的字读成送气的，造成不必要的误解。由于一些字很常用，一般听惯了普通话的人不大会读错，只有初学普通话的中老年人可能还按照方言的习惯读为送气音。现在把这类字中常用的罗列在这里供大家参考。

1. 容易误读为送气音的字

以下字，要读成不送气音，不要误读为送气音。

p（误读）—b（正确）：罢白败办伴傍雹薄抱备倍被别勃步

t（误读）—d（正确）：大待袋荡盗道敌地弟第电定动洞豆毒独杜段断夺

ch（误读）—zh（正确）：闸寨丈杖兆赵着直治逐苎助住柱箸撞镯

c（误读）—z（正确）：杂崽在造泽贼自字族罪昨坐

q（误读）—j（正确）：及极疾集俭贱健杰捷截近旧局具剧倦绝掘

k（误读）—g（正确）：膈亘共逛

2. 词语练习

（1）对比练习

b—p

罢官—怕官	白头—排头	败兵—派兵	抱着—泡着
背包—配包	被服—佩服	鼻子—皮子	辫子—骗子
步子—铺子	大步—大铺	发白—发牌	有伴—有盼

d—t

怠慢—太慢	单独—丹徒	淡化—碳化	蛋清—探清
盗版—套版	地带—替代	调动—跳动	掉牙—跳崖
毒药—涂药	读书—图书	肚子—兔子	队伍—退伍
兑换—退换	不动—不痛	红豆—红透	离队—离退

j—q

及时—其实　　极力—棋力　　嫉妒—气度　　巨头—去头
距离—去离　　倦了—劝了　　绝了—瘸了

zh—ch

宅门—柴门　　仗着—唱着　　直到—迟到　　侄子—池子
助力—畜力　　助长—处长　　住所—处所　　很重—很冲

z—c

在世—菜市　　字符—赐福　　字帖—次铁　　坐落—错落
座位—错位　　存在—存菜

（2）组合练习

d+t

| 大唐 | 大堂 | 大同 | 大头 | 大图 | 代替 | 地图 | 独特 | 读图 |

t+d

| 态度 | 堂弟 | 特地 | 替代 | 停当 | 偷渡 | 投毒 | 徒弟 | 土地 |

d+d

| 大盗 | 大豆 | 大度 | 大队 | 地道 | 电动 | 定夺 | 动荡 | 对待 |

b+b

| 百倍 | 败北 | 半步 | 薄被 | 报备 | 备办 | 弊病 | 辨别 | 裱褙 |

b+d

| 办到 | 半道 | 报道 | 被动 | 别地 | 不断 | 布袋 | 布道 | 步道 |

d+b

| 答辩 | 大败 | 大步 | 大部 | 代办 | 代步 | 待办 | 叠被 | 队部 |

p+b

| 派别 | 旁白 | 跑步 | 陪伴 | 配备 | 疲惫 | 漂白 | 平步 | 破败 |

q+j

| 妻舅 | 器具 | 浅近 | 侨眷 | 亲近 | 勤俭 | 清静 | 全捷 | 全局 |

j+j

集结　集聚　渐近　僵局　结局　纠集　旧件　就近　拒绝

j+d

及第　极大　极地　坚定　鉴定　旧地　就地　剧毒　绝对

q+b

齐备　齐步　起步　前部　浅白　枪毙　轻便　清白　全部

j+b

击败　接办　洁白　结伴　捷报　进步　旧部　局部　拒捕

d+j

大忌　大件　大将　大捷　大舅　大局　动静　杜绝　妒忌

zh+b

战备　账簿　直白　直播　植被　治办　置办　置备　中部

z+z

遭罪　造作　自在　自造　自足　字族　宗族　坐罪　做作

（五）福建人容易读错声母的字

有些字由于生僻或福建方言读音与普通话不同，很容易误读。下面列举由这些字构成的词语，供大家练习。

b

牛蒡　孢子　烘焙　蓓蕾　贲门　秕谷　濒临　白醭

p

奇葩　湖畔　毗邻　媲美　譬如　曝露　曝晒　胸脯

f

果脯　讣告

d

埭头　跌宕　蹬水车　海堤　籴米

t

鞭挞　　悲恸　　骰子　　投毛巾

n

嫩绿　　黏稠

l

租赁　　栗子

g

箍桶　　粗犷　　癸巳年　　女红

k

恪守诺言　　干枯　　窥视　　众目睽睽

h

契诃夫　　堂吉诃德　　怙恶不悛　　讳疾忌医　　秦桧

j

畸形　　机型　　眼睑　　校对　　发酵　　酵母片　　粳米　　腈纶

q

栖身　　龋齿　　苍穹

x

呷茶　　狎昵　　狡黠　　纤维　　川芎

zh

一拃长　　粘贴　　对峙　　虫豸　　贮备　　缀合　　连缀成文

ch

补偿　　无偿　　徜徉　　相形见绌　　鞭笞　　储备　　辍学
啜泣　　踌躇　　豆豉　　敕勒歌　　抻面　　大乘

sh

莎车　　和珅　　妊娠

r

忍让　　荏苒　　妊娠　　拈花惹草　　仍然　　柔弱

z

匝道　　龇牙咧嘴　　辎重　　嘬奶嘴　　嘬手指头　　姊妹

付梓　　汗渍　　污渍　　腌渍

c

赏赐　　猝死　　猝不及防

s

摩挲　　僧侣　　破碎

二、韵母

普通话的韵母有 39 个。福建人学习普通话韵母普遍存在的困难主要有以下三项：分不清前后鼻音韵母；没有撮口呼韵母；掌握不好 e、er 韵母。以下分别介绍如何克服这些难点。

（一）区分前后鼻音韵母

不论是普通话还是方言，带鼻音韵母的字，都是一个大家族，在3500 个常用字当中占了 1300 多个，占了三分之一还多。

福建省的方言中大多数没有前鼻音韵母，前后鼻音的分布情况大体如下：闽东、闽北、闽中有后鼻音无前鼻音，漳州年轻一代多数分不清前后鼻音，闽南地区前后鼻音相混。因此，学习普通话时，区分这两组韵母十分重要。

1.区分前后鼻音韵母的要点

（1）元音舌位前后不同。例如：an 与 ang 的区分主要表现在 an

的起点元音是前低元音〔a〕，而 ang 的起点元音是后低元音〔ɑ〕。

（2）-n、-ng 是韵尾，与韵腹构成一个整体。发前鼻音韵尾 -n 时舌尖抵住上硬腭，是舌尖中音；发后鼻音韵尾 -ng 时，舌根和软腭接触，是舌根音。

（3）-n 和 -ng 是两两相对、严格区分的（üan"冤"韵母除外）。它们之间的对比关系是：

an（安）/ ang（昂）

en（恩）/ eng（"亨"的韵母）

in（因）/ ing（英）

ian（烟）/ iang（央）

uan（弯）/ uang（汪）

uen（温）/ ueng（翁）（ong，"轰"的韵母）

ün（晕）/ iong（雍）

普通话读前鼻音的字比读后鼻音的多。首先要学会前鼻音韵尾 -n 的发音。发音时舌尖顶住上硬腭，和发 d、t、l 的舌位相仿，前鼻音韵母中和 -n 相结合的元音舌位也偏前。

发后鼻音韵尾 -ng 时舌尖放平，舌根拱起，和发 g、k、h 的舌位相仿，和后鼻音韵尾相拼的元音则舌位偏后。

下列词是前字的前鼻音韵尾 -n 和后字的声母相关、相近的组合，熟读这些双音词是练习读准前鼻音韵尾的好方法。练读时，多体会前字韵尾和后字声母的关联，体会前鼻音韵尾 -n 的舌位靠前的感觉，做到精准发音。

-n+d

斑点　半岛　餐点　蚕豆　单调　淡定　颠倒　奠定　肝胆

-n+l

丹田　弹头　蛋汤　感叹　馒头　谈天　弹跳　探头　天梯

-n+n

烦恼　犯难　观念　烂泥　男女　南宁　难弄　叛逆　迁怒

-n+l

斑斓　灿烂　电缆　泛滥　橄榄　管理　男篮　贪婪　谈论

2. 不同地区对后鼻音韵母的一些误读

（1）闽东人易将 iong 发成 üeng，可以用 ong 带出 iong。如：

ong → ong

从容　冲动　冬虫　咚咚　公共　公众　共同　红肿

洪钟　隆冬　松动　通融　中东　红彤彤　小洞洞

ong → iong

冬泳　动用　公熊　公用　共用　农用　怂恿

通用　同用　中庸　中用　忠勇　重用

iong → iong

波涛汹涌　　汹涌澎湃　　来势汹汹　　　气势汹汹

目光炯炯　　穷凶极恶　　熊熊烈火

（2）普通话 ong 不拼 f，不要将 feng（"风、蜂、凤"等）读成 fong。

（3）闽北人说普通话时，常常将 ian 韵字读成 ing 韵，把"棉签"说成"明清"，把"没有面了"说成"没有命了"，造成误解。这是方言音类相混的结果。可以把两个韵的字连成常用词语加以对比，进行强化训练，达到更正的目的。例如：

边—兵　先—星　天—听　尖—精　千—清　钱—情

面—命　见—静　县—性　年—宁　变—病　浅—请

坚—经　棉—名　田—庭　燕—应

现变—性病　　　　现钱—性情　　　　棉签—明清

先天—星厅　　　　　　前贤—情形　　　　　　奸险—惊醒

先遣队—星请对　　　　不要甜—不要停　　　　小字典—小自顶

还有没有面—还有没有命　　　天天见面—听听敬命

前后鼻音的字多，而且很常用，因此一定要多加训练。哪些字读前鼻音，哪些字读后鼻音，其实是有规律可循的。

3. 利用闽方言与普通话的语音对应规律

前后鼻音之分在汉语中是自古以来就有的，只是普通话和方言后来各自走了不同的路。例如 an 和 ang 这两类字，福建省内的方言并不是不能区分这两类字音，只是不用鼻音 n 和 ng 来区别，而是用韵腹的元音来区别。把普通话读 an 的字读成 ang 或 eng，把普通话读 ang 的字读成 ong 或 uong、üong。以福州话为例：

方言 ang 与普通话 an 相对应：

山残产栈，般蛮版扮，单坛坦炭，贪谈毯淡，干寒罕按，堪含敢暗

方言 ieng 与普通话 ian 相对应：

边棉免面，千年演变，肩贤茧现，淹炎险欠，添粘点念，烟言演燕

方言 ong 与普通话 ang 相对应：

当堂浪党，缸糠杭朗，苍桑葬丧

方言 üong、uong 与普通话 ang、iang 相对应：

良两亮相，张长丈帐，章昌商上，唱强央羊，乡向样厂

方言 uong 与普通话 ang、uang 相对应：

光广黄王，亡狂筐往，方防放望

4. 利用声旁类推规律

因为在造字的远古年代，前后鼻音的分别和后来的读音是大体对应的，所以，前后鼻音的字，各方言大多是有区别的。以一般人多误读的前鼻音字为例：

an/ian

甘—柑蚶酣 / 钳嵌

干—岸肝竿骭汗罕旱刊 / 奸

咸—感撼 / 减缄碱

占—沾粘站 / 店拈黏

柬—澜烂（爛）/ 练（練）

戋—残盏 / 笺饯贱践溅钱浅

奄—庵鹌俺掩唵 / 腌掩阉

山—汕疝 / 仙

an

番—幡藩翻蕃燔潘蟠

安—垵桉氨鞍按胺

半—伴拌绊判叛泮畔

反—扳坂板版返饭贩畈

单—蝉禅阐弹战（戰）

ian

扁—编偏篇骗

前—煎剪箭

见—觊觅舰觉砚砚

佥—俭检剑敛脸险验

兼—谦歉嫌

戈—笺溅钱浅

先—冼跣筅宪

彦—颜谚

en

申—伸呻绅砷神审婶肿

门—们扪闷闻问焖

贲—渍愤债喷

辰—晨宸振赈震

珍—趁诊轸疹

真—慎缜稹镇

贞—侦桢浈

壬—任荏饪妊衽

刃—忍韧纫仞轫

uan/üan

元—完玩顽阮 / 园

全—拴栓 / 诠荃痊醛

en/an

分—芬纷吩氛酚汾粉份忿盆 / 敉颁扮盼

en/in/ian

艮—跟根哏痕很狠恨恳垦 / 银垠龈 / 艰限眼

因—姻茵氤 / 咽烟胭

en/in/an/ian

今—岑 / 吟衿 / 含贪 / 念

音—暗愔 / 谙暗黯

5. 词语练习

（1）对比练习

an—ang

扳手—帮手	板子—膀子	产房—厂房	产量—敞亮
铲子—厂子	承担—承当	出版—出榜	丹心—当心
担心—当心	反弹—访谈	反问—访问	感人—港人
开饭—开放	烂漫—浪漫	礼坛—礼堂	内涵—内行
平坦—平躺	三场—商场	三叶—桑叶	扇面—上面
弹词—搪瓷	潭水—糖水	天坛—天堂	铁铲—铁厂
小蚕—小肠	一番—一方	赞颂—葬送	毡子—獐子

en—eng

长针—长征	沉下—城下	陈旧—成就	陈氏—城市
陈氏—程式	城门—承蒙	出身—出生	分数—枫树
吩咐—丰富	粉刺—讽刺	功臣—工程	瓜分—刮风
划分—话锋	门生—萌生	木盆—木棚	气氛—气疯
清真—清蒸	人参—人生	三根—三更	舌根—蛇羹
申明—声明	伸手—生手	身份—生分	身世—生事
绅士—声势	深沉—生辰	深思—生丝	审视—省事
甚是—盛世	失身—失声	跳神—跳绳	真诚—征程
诊治—整治	阵势—正式	阵势—正是	终身—终生

in—ing

不近—不敬	不信—不幸	钢筋—钢精	红心—红星
金光—精光	金银—经营	金鱼—鲸鱼	金质—精致
金子—精子	进化—净化	禁地—境地	老林—老凌
林立—伶俐	临时—零食	牧民—慕名	贫民—平明

频繁—平凡　　频频—平平　　亲生—轻生　　亲生—轻声

亲信—轻信　　勤奋—情分　　寝室—请示　　清贫—清平

人民—人名　　弹琴—谈情　　相近—相敬　　辛勤—心情

新晋—心境　　信服—幸福　　音信—阴性　　引子—影子

印象—映象

ian—iang

不鲜—不香　　不咸—不详　　不限—不像　　拆迁—拆枪

坚硬—僵硬　　肩头—江头　　监察—姜茶　　简历—奖励

快剪—快讲　　老年—老娘　　前头—墙头　　前站—强占

钳制—强制　　浅显—抢险　　三千—三枪　　试验—式样

铜钱—铜墙　　下贱—下降　　仙子—箱子　　鲜花—香花

险象—想象　　线上—向上　　线下—向下　　小件—小将

uan—uang

不惯—不逛　　船头—床头　　大碗—大网　　饭碗—放网

关头—光头　　红砖—红装　　环球—黄球　　机关—激光

宽宽—框框　　乱转—乱撞　　木船—木床　　破碗—破网

手腕—守望　　弯弯—汪汪　　顽固—亡故　　晚上—网上

惋惜—往昔　　万万—旺旺　　新欢—心慌　　一晚——网

专车—装车　　专家—庄家

uen—ueng

姓温—姓翁　　余温—渔翁

uen—ong

春风—冲锋　　春天—冲天　　唇膏—崇高　　村头—葱头

存钱—从前　　墩头—东头　　炖肉—冻肉　　浑水—洪水

轮子—笼子　　孙子—松子　　吞并—通病　　吞了—通了

ün—iong

头晕—头痈　　寻找—熊爪　　有孕—有用　　元勋—元凶

运费—用费　　熨过—用过

（2）组合练习

an+an

| 单干 | 淡蓝 | 淡然 | 犯难 | 泛滥 | 肝胆 | 橄榄 |
| 邯郸 | 汗衫 | 漫谈 | 谈判 | 坦然 | | |

ang+ang

| 帮忙 | 沧桑 | 厂房 | 厂长 | 当场 | 方糖 | 钢厂 |
| 盲肠 | 商场 | 上当 | 上汤 | 螳螂 | | |

ian+ian

| 边沿 | 变迁 | 便笺 | 癫痫 | 电线 | 简便 | 连绵 |
| 腼腆 | 偏见 | 片面 | 前线 | 先前 | 沿线 | |

iang+iang

| 江洋 | 奖项 | 将相 | 酱香 | 亮相 | 强项 | 湘江 |
| 襄阳 | 响亮 | 想象 | 向阳 | 像样 | | |

uan+uan

| 传唤 | 官船 | 贯穿 | 还完 | 宦官 | 换算 | 宽缓 |
| 婉转 | 专断 | 转换 | 转暖 | 转弯 | | |

uang+uang

| 黄庄 | 狂妄 | 双簧 | 网筐 | 网状 | 往往 | 装潢 |
| 状况 | | | | | | |

üan+üan

| 涓涓 | 全权 | 全员 | 全院 | 泉源 | 拳拳 | 劝劝 |
| 轩辕 | 渊源 | 原原 | 圆圈 | 源泉 | | |

in+in

金银	尽心	拼音	亲近	亲临	亲民	琴音
辛勤	新进	信心	姻亲	殷勤		

ing+ing

叮咛	经营	精英	命令	宁静	倾听	清静
清醒	蜻蜓	情境	姓名	应景		

en+en

本分	沉闷	愤恨	愤懑	根本	门神	人身
妊娠	深沉	深圳	神人	真人		

eng+eng

乘胜	登封	登峰	丰登	丰盛	风声	风筝
更正	萌生	鹏程	生成	声称		

uen+uen

春笋	滚轮	珲春	馄饨	混沌	昆仑	论文
温存	温顺	温文	文论	稳稳		

ong+ong

从容	动容	公共	公众	共同	轰动	隆重
松动	中东	肿痛	总共	总统		

ün+ün

军训	军运	均匀	云云	芸芸

iong+iong

波涛汹涌	目光炯炯	气势汹汹	穷凶极恶	熊熊烈火

eng+ong

称重	承重	灯笼	等同	丰功伟绩	风洞	风动石
封冻	奉送	疼痛	正中	郑重		

ong+eng

冲锋	重逢	东风	工蜂	供奉	红灯	龙凤	通风
童声	痛风	中等	中锋	中缝	中风	终生	钟声

feng+feng

风风火火   封封来信   疯疯癫癫   缝缝补补   缝缝连连

6.绕口令练习

谭老汉买蛋又买炭

谭家谭老汉,今年八十三,为吃蛋炒饭,翻山买蛋又买炭。

先到食品店,选了三斤蛋;转身到炭摊,买了三篮炭。

肩担炭和蛋,满心都喜欢,翻山朝家赶,回家炒蛋饭。

心急跨门槛,腰闪脚被绊:

打了三斤蛋,湿了砖地板;翻了三篮炭,黑了石门槛。

老汉眼一看,急出满身汗,心里连连叹:

"怎么办!怎么办!没了蛋和炭,还吃什么蛋炒饭!"

船和床

船船船,船身长;床床床,床身短。

船有长,床有短;船有短,床有长。

船床长短不一般。你说是船装床还是床装船?

船长床短船装床,船短床长床装船。

(二)区分齐齿呼和撮口呼韵母

1.误读情况

普通话的撮口呼韵母有4个:ü、üe、üan、ün。其中ü韵常用字不少。不能辨别撮口呼和齐齿呼,就是分不清是"去不去"还是"气不气"。

闽南和闽西地区没有撮口呼，常用 i 代 ü，分不清 ian 和 üan、ie 和 üe、in 和 ün。

ü 的发音并不难，发 i 时把唇拢圆即可，难的是要知道齐齿呼和撮口呼分别管的是哪些字。ü 韵的声旁和 u、ou 有关。例如：

ü—u

居剧锯据—古苦

区驱躯—枢

余徐叙—除涂

予预序—纾抒

欲浴裕—谷

许—午浒

蛆—阻

绪—都

絮—如

娱—吴

语—吾

驴（驢）—卢（盧）

üan—uan

权（權）—灌獾

缘—篆

院—完

ün—un

云—魂

军鞍—浑荤

ü—ou

禺遇寓—偶

俞瑜喻愈—偷

2.词语练习

（1）对比练习

i—ü

多疑—多余	分期—分区	饥民—居民	里程—旅程
利己—律己	联系—连续	美意—美誉	名义—名誉
你的—女的	起名—取名	气味—趣味	容易—荣誉
实际—实据	书籍—书局	西线—虚线	西药—需要
悉数—虚数	熄火—虚火	喜酒—许久	戏言—序言
系数—叙述	细目—畜牧	细纹—序文	姓李—姓吕
移民—渔民	臆测—预测	有气—有趣	雨季—雨具

ie—üe

大写—大雪	截取—掘取	列表—略表	猎取—掠取
每夜—每月	切实—确实	日夜—日月	协会—学会
协力—学历	夜光—月光		

ian—üan

当前—当权	方言—方圆	建议—倦意	前程—全程
前面—全面	前线—权限	潜力—权利	先读—宣读
鲜明—宣明	嫌疑—悬疑	羡慕—炫目	镶嵌—相劝
言行—原型	盐分—缘分	颜色—原色	演示—远视
燕子—院子	庄严—庄园		

in—ün

白银—白云	餐巾—参军	攻心—功勋	金属—军属
金银—均匀	金子—君子	津贴—军贴	平津—平均
通信—通讯	扬琴—羊群	真金—真菌	

（2）组合练习

撮口呼 + 撮口呼

咀嚼	拒绝	聚居	军训	军援	旅居	女婿
区区	区域	全局	泉源	须臾	序曲	玄虚
选举	血虚	寻讯	余惧	渔具	渔区	愉悦
雨具	语句	预约	冤狱	渊源	源泉	越语

撮口呼 + 齐齿呼

具有	聚集	倦意	决意	军机	军医	履历
绿地	区级	曲奇	曲艺	取样	取药	全集
全体	盱眙	续集	蓄意	宣扬	选集	选样
雨衣	园地	园艺	原籍	原意	愿意	

齐齿呼 + 撮口呼

机缘	积蓄	积怨	急剧	集聚	集权	纪律
纪元	继续	艰巨	检举	结局	解决	利率
奇趣	奇缘	崎岖	起源	前驱	窃取	唏嘘
喜剧	喜悦	戏剧	戏曲	先驱	一律	疑虑

（三）掌握单韵母 e 和卷舌韵母 er

1.学会 e 和 er 的发音

福建各方言都没有卷舌韵母 er。说普通话时，一般人都发不好卷舌音，而是用 e 来替代，于是把"儿子"说成"蛾子"，把"十二"说成"十恶"。

要学会发 er 的音，就要把舌头向上卷，让舌尖对着硬腭才可以。将 er 与翘舌声母 zh、ch、sh 发音部位比对，就容易明白了：翘舌声母 zh、ch、sh 是舌尖向上翘；卷舌韵母 er 是舌尖向后卷，也就是一边向后卷舌尖一边念 e，"r"只是一个表示卷舌的符号。

　　e 韵的零声母字并不多，常用字只有如下几个，按四声排列如下：

阴平：阿_{阿胶}

阳平：讹鹅俄蛾娥额

上声：恶_{恶心}

去声：饿厄扼鄂愕鳄遏噩恶_{凶恶}

　　但是它还可以和其他声母相拼，读成"的、特、这、车、社、个、可、合"等。

　　er 韵的字就更少了，并且它不与其他声母相拼，只有几个零声母字：

阳平：儿而

上声：尔耳饵洱迩

去声：二贰

　　组成的双音词也很有限：

儿歌　儿化　儿科　儿女　儿时　儿孙　儿童　儿媳　儿戏

而后　而今　而立　而且

尔后

耳背　耳垂　耳福　耳根　耳垢　耳光　耳后　耳环　耳机

耳麦　耳鸣　耳目　耳塞　耳闻　耳蜗

二副　二哥　二胡　二胎　二心　十二

2. 词语练习

儿子—蛾子　　耳语—俄语　　二辩—恶变　　二号—噩耗

二虎—饿虎　　二级—恶疾　　二人—恶人　　二手—扼守

二万—扼腕　　二意—恶意　　二战—恶战

（四）掌握复韵母

1. 复韵母的难点

普通话有 13 个复韵母：ai、ei、ao、ou、uo、ia、ie、iao、iou、ua、uai、uei、üe。福建人初学普通话时，在复韵母方面常见的问题有如下几种：

（1）ei 韵的误读。闽南话和莆仙方言里没有 ei 韵：闽南人常混入 i 韵，把"准备"说成"准弊"；莆仙人有时会混入 ai 韵，把"梅花"说成"埋花"，把"北京"说成"摆京"。这个韵的常用字不算多，纠正起来并不难。

（2）o、ou、uo 的混读。这是闽南人常犯的错误，因为方言里没有这些差别。有些闽南人把"婆婆""头头""说过"中的每个字都读成 o 韵。有些龙岩人分不清 ou 和 ao，把"口头"说成"考逃"，把"收购"说成"烧告"。好在 o、ou、uo 韵的字不太多，用心学学并不太难。

（3）闽东方言没有 iao 韵，只有 iou 韵，初学普通话的人会把"消息"说成"休息"，把"水饺"说成"水酒"。好在 iao 韵字也不多，下点功夫并不难纠正。

（4）闽西上杭一带普通话初学者会把 ai 韵混入 a，把"带太太来赛台"从头到尾读成 a，难免引人发笑，但是出这种差错的机会并不多，用字也少，容易克服。

2. 词语练习

（1）对比练习

ou—ao

病后—病号	抽走—抄走	豆了—稻了	楼房—牢房
楼里—牢里	山沟—山高	收了—烧了	手术—少数

水痘—水稻　　　投缘—桃园

iou—iao

好酒—好角　　　酒力—脚力　　　就近—较劲　　　就是—教士

求救—求教　　　小球—小桥　　　休息—消息　　　休闲—消闲

秀丽—效力　　　游船—摇船　　　右眼—耀眼

（2）组合练习

ai+ai

爱戴　　白菜　　拆台　　海带　　开采　　买卖　　晒台

灾害　　栽菜　　再来

ei+ei

北碚　　北非　　背煤　　蓓蕾　　非得　　肥美　　匪类

黑妹　　美眉　　配备

ao+ao

报道　　操劳　　稻草　　高潮　　高考　　号召　　牢靠

跑道　　糟糕　　早操

ou+ou

抽头　　抖擞　　口授　　收购　　守候　　瘦猴　　瘦肉

洲头　　走狗　　走漏

ia+ia

加价　　加压　　贾家　　假牙　　掐架　　恰恰　　下架

压价　　压下　　崖下

ie+ie

别介　　节烈　　结业　　姐姐　　趔趄　　乜斜　　切切

贴切　　谢谢　　爷爷

ua+ua

挂花　　挂画　　花瓦　　花袜　　哗哗　　画花　　画画

耍滑　　　娃娃

uo+uo

蹉跎　　　哆嗦　　　堕落　　　过错　　　阔绰　　　罗锅　　　骆驼
落拓

üe+üe

决绝　　　绝学　　　缺血　　　缺月　　　雀跃　　　雪月　　　约略

uai+uai

乖乖　　　怀揣　　　快坏　　　摔坏　　　外快

uei+uei

摧毁　　　归队　　　鬼祟　　　灰堆　　　回味　　　汇兑　　　水位
退回　　　退悔　　　追随

iao+iao

吊桥　　　脚镣　　　教条　　　妙药　　　缥缈　　　巧妙　　　调教
逍遥　　　小鸟　　　笑料

iou+iou

久留　　　旧友　　　琉球　　　妞妞　　　秋游　　　求救　　　球友
绣球　　　优秀　　　悠久

（五）福建人容易读错韵母的字

a

按捺　　　一拃长

o

铙钹　　　蓦地　　　脉脉含情

ai

白雪皑皑　　柏油路　　　后江埭

an

神龛　　皮开肉绽

ang

牤牛

ao

老媪　　把菜焯一焯　　　绰起棍子就打　铙钹
挠头　　挠痒痒　　　　　绿丝绦

e

风驰电掣　干涸　木讷　讷讷　动辄

en

嗔怒　嫩绿　鸭朘　砧板　缜密

eng

棱角　牛虻

–i（舌尖前）

汗渍　污渍　腌渍　姊妹　豆仔尾　歌仔戏　片仔癀

i

涤纶　蓦地　土坯

ian

滇池　白洋淀　缄口不言　琴弦　船舷　蚬子

iao

薤头　便溺　缲边　铁锹

iou

糗事儿

ie

秸秆　诘责　孑孓　优劣　胆怯　要挟
挟天子以令诸侯

in

拎包　　墨水洇了　　姻亲

ing

纱锭

u

首都

uo

戳穿　　何厝　　堕落　　聒耳　　聒噪　　括弧　　说服
一幢长　老挝

uai

脚踝　　海参崴　　脚崴了

uei

啐口痰　　淬火　　不容置喙　　游说　　坠落

uan

椽子　　王宝钏　　绾个扣儿

uen

墩布　　石礅　　筐里瓷器全蹾碎了　　鸭肫

ueng

酒瓮　　瓮子　　蕹菜

ü

狙击　　咀嚼　　沮丧　　鼻衄　　齿衄　　老妪

üan

玄色　　悬挂　　牛皮癣　　眩晕　　缘木求鱼

ün

埙　　笕笮湖　　郓城　　恽代英

三、声调

（一）掌握普通话的调类和调值

福建的方言调类比普通话多，最多是 8 类，少的也有 5 类。普通话有四个声调，比福建各方言的声调都简单，四个声调区别度大，学起来不太难，上过小学的人都练习过阴阳上去的四声，其调值就是"高—扬—起—降"。主要是要把普通话四声的调值记牢：

调类	调值	例字
阴平	55	抽、通、西、屋
阳平	35	愁、同、习、无
上声	214	丑、统、喜、舞
去声	51	臭、痛、细、物

声调是汉语的重要特征，古今南北的汉语都用声调来区别字义和词义："山西"和"陕西"的不同就是靠声调来区别的；"这一口好酒"和"好这一口酒"中的两个"好"也是靠声调来区别。普通话的声调是比较简单的，但是如果学得不好，也会影响交际。

要学好阴阳上去四个声调，可以先读熟以下常用的四字词语：

（1）阴阳上去

阴阳上去	高扬起降	区别显著	非常好记
山明水秀	山重水复	山盟海誓	山穷水尽
光明磊落	风调雨顺	风云雨露	鞍前马后
心明眼亮	心怀叵测	心直口快	中国伟大
中流砥柱	天然宝藏	资源满地	英雄好汉
胸怀坦荡	青年榜样	高朋满座	斟酌损益
雕虫小技	深谋远虑	阴谋诡计	身强体健

精神百倍	千锤百炼	千奇百怪	花红柳绿
花团锦簇	灯红酒绿	金迷纸醉	思前想后
优柔寡断	飞檐走壁	逍遥法外	膏粱子弟
胸无点墨	孤行己见	挑肥拣瘦	妻离子散
疮痍满目	相濡以沫	兵强马壮	三足鼎立
规行矩步	锋芒所向	幡然悔悟	瓜田李下
金银首饰	孤云野鹤	生财有道	鸡鸣狗盗
因循守旧	开渠引灌	工农子弟	精明老练
积年累月	轻裘缓带	鸡零狗碎	酸甜苦辣

（2）阴阴阴阴

忧心忡忡	休戚相关	卑躬屈膝	声东击西

（3）阳阳阳阳

亭台楼阁	文如其人	乘云行泥	来来回回

（4）上上上上

勉勉强强	指指点点	马马虎虎	腼腼腆腆

（5）去去去去

自作自受	意气用事	重视证据	世世代代

（6）其他

哀兵必胜	悲欢离合	彬彬有礼	兵荒马乱
缠绵悱恻	成群结队	乘人之危	龙腾虎跃
蠢蠢欲动	重整旗鼓	短小精悍	俯首帖耳
绰绰有余	寸步难行	大义凛然	大势所趋
天南地北	波澜壮阔	出谋划策	出奇制胜
独当一面	防微杜渐	横七竖八	急公好义
好事成双	虎斗龙争	虎背熊腰	永不服输
触景生情	赤手空拳	大展宏图	放虎归山

家喻户晓	积重难返	精益求精	惜墨如金
大声疾呼	大张旗鼓	货真价实	驾轻就熟
魂不附体	实事求是	无的放矢	无动于衷
大同小异	讳疾忌医	借题发挥	敬而远之
心有余悸	先睹为快	心满意足	张口结舌
举世闻名	举目无亲	苦心经营	眼花缭乱
炉火纯青	牛鬼蛇神	勤俭持家	源远流长
举棋不定	两全其美	美轮美奂	巧言令色

（二）克服入声调

这是福建人学习普通话语音的一大难点。福建的方言大部分都有独特的入声字的读法，就是把古代带有塞音韵尾的字读为短促的声调。初学普通话的福建人大多保留了入声字的短促调，要注意纠正。

1.掌握入声字归入四声的规律

常用入声字有 600 多个，约占常用字的五分之一。这些字在普通话中都归入四声，其中，归去声的最多，归上声的最少。《普通话正音字表》（上海教育出版社，1961 年）中的入声字，归去声 260 个，归阳平 146 个，归阴平 131 个，归上声 46 个。

以下把常用的入声字列表，供大家练习。练习发音时不妨适当慢读，延长声调。

（1）阴平

八　逼　擦　插　拆　吃　出　滴　跌　督　发　搁　郭　喝

黑　忽　积　揭　勒　拍　七　屈　缺　杀　失　叔　刷　说

缩　踢　贴　托　脱　挖　屋　吸　瞎　歇　压　鸭　一　约

扎　汁　桌

（2）阳平

拔　白　薄　别　伯　博　达　敌　叠　蝶　毒　独　读　夺
额　佛　伏　革　阁　格　国　合　核　盒　滑　活　及　吉
极　即　集　夹　节　杰　捷　局　决　绝　咳　膜　舌　十
石　拾　食　蚀　熟　俗　习　席　峡　狭　学　则　责　泽
贼　折　竹　足　族　昨

（3）上声

柏　北　笔　尺　法　葛　谷　骨　郝　甲　角　脚　渴　抹
匹　癖　朴　辱　撒　属　索　塔　帖　铁　血　雪　乙　窄

（4）去声

必　毕　壁　不　册　侧　策　促　错　鄂　发　复　腹　覆
鹤　克　刻　客　酷　扩　阔　廓　刺　蜡　辣　烙　乐　力
历　立　栗　列　劣　烈　六　陆　鹿　率　绿　掠　略　洛
骆　落　麦　脉　密　蜜　灭　末　沫　莫　墨　木　目　牧
呐　纳　逆　溺　虐　诺　迫　热　日　入　若　弱　塞　色
肃　速　踏　特　惕　袜　握　物　宿　药　业　叶　亿　忆
亦　役　益　翼　玉　育　欲　月　岳　悦　跃　越　仄　作

2. 利用声旁可以推出许多常用入声字

出：拙黜茁屈

商：滴摘敌（敵）适（適）

兑：说脱

发：泼拨

畐：逼幅福蝠

复：腹愎覆

各：胳酪赂洛络骆貉阁客落

谷：俗浴欲却（卻）

骨：滑猾

合：给哈洽鸽盒搭答瘩塔

曷：渴褐葛

夹：狭峡铗荚

立：粒泣笠翌

末：沫抹

去：法砝怯劫

舌：刮活聒

失：跌迭铁轶秩

十：汁什

蜀：独（獨）浊（濁）烛（燭）

术：怵述

昔：惜借腊蜡

亦：迹

易：踢惕锡蜴剔

聿：律笔（筆）

直：值植殖

卓：桌绰

足：促捉

3. 词语练习

阴平 + 阴平

吃喝　失约　七八　剥削　揭发

阴平＋阳平

出国　缺乏　发掘　积极　缺席　发白

阴平＋上声

出血　桌角　歇脚　屈辱　八尺　发给

阴平＋去声

发作　出入　吃药　出纳　缩略

阳平＋阴平

袭击　白粥　节拍　十七　合约　实拍

阳平＋阳平

学习　结合　国籍　绝食　核实　白族

阳平＋上声

绝笔　蹩脚　白雪　活法　执笔　直角

阳平＋去声

独立　协作　学历　白玉　食物　白鹤

上声＋阴平

笔擦　抹黑　抹杀　铁漆　北屋

上声＋阳平

法国　北极　甲级　笔盒　法学　朴实

上声＋上声

铁塔　北角　窄角　甲乙　笔法　铁索

上声＋去声

法律　给力　谷粒　骨质　脚力

去声＋阴平

六叔　益发　述说　墨黑　略说　肉汁

去声＋阳平

特别　确实　克服　阔别　客籍　脉搏

去声 + 上声

触角　设法　烙铁　刻骨　落笔　立法

去声 + 去声

寂寞　确切　作物　肉末　目的　脉络

古代的入声字在普通话的声调中已经归入阴阳上去四声了。许多南方方言则大体按照声母的清浊分为阴入、阳入两类。福建的方言大多也有阴入、阳入两类。阳入的字在普通话中大体归入阳平和去声两类，有些规律可循。

（1）归入阳平的字，因为古代是全浊声母，现代普通话只能读成不送气声母和擦音（sh、s、x）声母。例如：

白石　薄膜　合集　合辙　核实　集合　绝食　识别　实习

熟读　习俗　学籍　学习　哲学　竹笛　族别

（2）归入去声的字是古代的次浊声母，现代普通话读为 m、n、l、r 声母，少数为零声母字。例如：

腊肉　烈日　六月　脉络　蜜月　末日　没落　墨绿　目录

热烈　日历　日月　入列　弱肉　乐律　阅历

但是，来自古代清音声母的入声字，今普通话归入阴阳上去四声时，就没有明显的规律可循，只好比照入声同音字记熟。例如：

八 = 巴　百 = 摆　笔 = 比　壁 = 闭　不 = 布　恶 = 饿　割 = 歌

各 = 个　骨 = 古　郭 = 锅　郝 = 好　积 = 鸡　脚 = 绞　客 = 课

哭 = 枯　立 = 利　纳 = 那　七 = 妻　失 = 诗　石 = 时　索 = 所

息 = 西　一 = 衣　乙 = 以　亿 = 意　祝 = 住　作 = 做

为帮助读者熟记古入声字今读归入四声的情况，特附下表以供练习：

古入声字普通话读音表

声韵例字	声调			
	阴平	阳平	上声	去声
ba	八捌	拔跋		
bai		白	百佰柏伯大伯	
bao	剥剥皮	薄薄田雹		曝曝光
bi	逼	鼻荸	笔	必弼毕哔辟复辟碧壁璧
bie	憋鳖瘪瘪三	别别人蹩	瘪干瘪	别别扭
bei		北		
bo	拨钵剥剥削	勃渤脖博膊搏帛薄薄暮泊停泊驳伯伯伯箔舶		薄薄荷
bu			卜	不
pai	拍			
pi	劈霹	枇	匹癖	僻辟开辟
pie	撇撇开瞥		撇撇捺	
po	朴朴刀泼泊湖泊			迫珀粕魄朴厚朴
pu	扑仆前仆后继	仆仆人濮璞	蹼朴朴素	瀑曝曝晒
ma	抹抹布			
mai				麦脉
mo	摸	膜	抹抹煞	末沫茉抹拐弯抹角秣没埋没殁莫寞漠默墨陌
mei		没没有		
mi				觅宓密蜜
mie				灭蔑篾
mu				木沐目睦牧穆幕
fa	发发生	乏伐筏阀罚垡	法砝	发理发珐

声韵例字	声调			
	阴平	阳平	上声	去声
fo		佛佛教		
fu		弗佛仿佛怫拂伏袚袄服幅福辐蝠		复腹覆蝮馥鳆缚
da	答_{答应}搭	达答回答		
di	滴	籴狄荻迪涤敌嫡的的确笛		的_{目的}
de		得德		
die	跌	迭谍堞牒碟蝶叠		
du	督	毒独读渎犊黩	笃	度_{度过}
duo	咄	夺度_{揣度}踱铎		
ta	塌踏_{踏实}		塔獭	沓踏_{踏步}挞榻蹋
te				忑忒特
ti	剔踢			逖惕
tie	帖_{服帖}贴		帖_{请帖}铁	帖_{字帖}
tu	秃突			
tuo	托脱			拓
na				呐纳捺衲
ni				逆匿溺昵
nie	捏			聂嗫蹑颞镊孽臬涅
nüe				虐疟
nuo				诺
la	拉邋垃		喇	腊蜡辣瘌落_{落在后面}
lao				烙酪
le				勒_{勒令}乐_{快乐}
lei	勒_{勒紧}			肋

续表

声韵例字	声调			
	阴平	阳平	上声	去声
li				力历沥雳立粒笠砾栗溧傈
lie				列冽烈裂劣猎躐鬣
liu				六
lu				陆录禄碌鹿漉麓戮
lü			捋捋顺	律率效率绿氯
lüe				掠略
luo	捋捋起袖子			洛落落后骆络
ji	击唧积屐激缉侦缉	及汲级极吉即亟急疾嫉棘集瘠籍藉辑	给供给脊戟	寂鲫稷迹绩
jia	夹夹子浃	夹夹衣荚颊	甲胛钾	
jiao		嚼咬文嚼字	角角度脚	
jie	疖结结实接揭	子节杰劫诘洁结局捷睫竭截		
ju	掬鞠	局菊		剧
jue	撅	决诀抉觉珏绝倔强掘崛厥獗镢蹶爵嚼咀嚼角角色攫孓		倔倔头倔脑
qi	七柒漆戚喊缉缉鞋口沏		乞	迄汔泣
qia	掐			恰洽
qiao				壳地壳
qie	切切削			切切记窃怯妾惬挈锲
qu	曲弯曲蛐屈		曲歌曲	
que	缺阙阙如			却雀确鹊榷阙宫阙阕

声韵例字	声调			
	阴平	阳平	上声	去声
xi	夕汐矽吸昔惜析淅晰息熄悉蟋锡膝	习席袭媳檄		隙
xia	瞎	匣侠峡狭硖辖		吓吓人
xiao	削切削			
xiu			宿住一宿	宿星宿
xie	歇蝎楔	协胁挟	血流血	屑泄亵
xu				旭恤畜畜牧续
xue	薛削剥削	穴学噱	雪	血血液
ga	夹夹肢窝	轧轧帐		
ge	疙胳肐臂鸽搁割	阁格蛤革隔嗝膈骼胳胳肢葛葛麻	葛姓	各
gei			给交给	
gu	骨骨碌		谷骨骨肉鹄中鹄	
gua	刮鸹			
guo	郭聒蝈	国帼掴		
ke	磕瞌颏	咳壳贝壳	渴	克刻客恪嗑
ku	哭窟			酷
kuo				阔括扩廓
hao			郝	
he	喝喝水	合盒颌核涸阖阂貉		吓恐吓褐赫鹤壑喝喝彩
hei	黑嘿			
hu	忽惚淴唿	囫斛鹄鸿鹄		
hua		滑猾划划船		划计划

续表

声韵例字	声调			
	阴平	阳平	上声	去声
huo	豁豁口	活		或惑获霍豁豁免
za	匝咂扎包扎	杂砸		
zao		凿		
ze		责则择泽		仄
zei		贼		
zu		卒族足		
zuo	作作坊	昨琢琢磨	撮一撮毛	作作业
ca	擦			
ce				策侧测恻厕册
cu				促猝簇蹙蹴
cuo	撮撮合			错
sa	撒撒手		撒撒种	卅萨飒
sai	塞瓶塞儿			
se				色颜色涩瑟啬穑塞闭塞
su		俗		速肃宿宿舍夙粟嗽
suo	缩嗍		索	
zha	扎扎针	扎挣扎札轧轧钢闸铡炸	眨	
zhai	摘	宅翟	窄	
zhao	着一着棋	着着急		
zhe		折折扣哲蜇蛰辄辙	褶	浙
zhi	只一只汁织	执直值植殖侄职	只只有	质炙秩
zhou	粥	轴妯		
zhu		竹竺烛逐	嘱瞩	祝
zhuo	捉拙桌涿	灼酌茁浊镯啄卓琢琢玉着衣着		

声韵 例字	声调			
	阴平	阳平	上声	去声
cha	插	察		刹刹那
chai	拆			
che				彻澈撤
chi	吃		尺	叱斥赤饬
chu	出			绌黜畜畜生搐触矗怵
chuo	戳			啜辍绰龊
sha	杀刹刹车			煞霎
shai			色套色	
shao		勺芍杓		
she		舌折折耗		设涉慑摄
shi	失虱湿	十什石识实食拾蚀		式拭栻饰室释适
shu	叔淑	孰塾熟赎	属蜀	术述束
shua	刷刷墙			刷刷白
shuai				率率领蟀
shuo	说			烁铄朔硕
re				热
rou				肉
ru			辱	入褥
ruo				弱若
ri				日
a	阿			
e		额	恶恶心	厄扼呃谔鄂愕萼腭锷 鳄遏恶善恶噩
wa	挖			袜

续表

声韵例字	声调			
	阴平	阳平	上声	去声
wu	屋			勿物
wo				沃握龌
ya	压押鸭			轧倾轧
yao				药钥<small>钥匙</small>耀
ye	噎			叶业页液掖腋谒餍
yi	一壹揖		乙	亦弈译驿绎抑邑浥悒佚轶役疫易益溢忆亿臆屹蜴逸
yu				玉育郁狱浴欲域
yue	约曰			月乐<small>音乐</small>岳钥锁钥悦阅跃粤越钺

（三）掌握普通话的变调

1. 上声的变调

上声的变调体现在两个曲折的上声调连读时前字要变成阳平，上声在非上声前则变成"半上"，这是为了减少重复的曲折调形，并节省时长。

读为阳平调的如：

草籽＝槽子　　厂里＝常理　　好酒＝豪酒　　老鸨＝劳保

理想＝离想　　两种＝良种　　了解＝聊解　　渺小＝苗小

浅水＝潜水　　抢手＝强手　　水手＝谁手　　友好＝游好

有水＝油水

读为半上的如：

北京　北平　北大　海滩　海船　海盗　好心　好人　好事

老公　老头　老汉　水边　水平　水面　小心　小楼　小弟

九天　九年　九岁　手心　手头　手背　厂商　厂房　厂外

2. "一""不"的变调

"一"的单字调是阴平55，"不"的单字调是去声51。在单念或处在词句末尾的时候，不变调。

（1）"一"有两种变调：

"一"在去声音节前，变为和阳平一样的调值35。如：

一定　一旦　一共　一路　一瓣　一片　一切

"一"在非去声（阴平、阳平、上声）前，变为和去声调值一样的51。如：

一生　一天　一杯　一端　一瞥　一斤

一时　一同　一头　一行　一直　一年

一宿　一口　一起　一点　一匹　一种

（2）"不"只有一种变调：

"不"在去声音节前，变为和阳平一样的调值35。如：

不去　不干　不要　不但　不变　不错　不是　不像

此外，两个去声字连读时，前字变为"半去"。至于"七""八"的变调、形容词叠字形式的变调和"啊"的音变，都是比较次要的，对于一般南方人不必要求太严。

（四）福建人容易读错声调的字

1. 阴平

电饭煲	煲粥	煲汤	蝙蝠	粗糙
曹操	操行	创伤	掂量	氛围
山冈	姓龚	瑰丽	通缉	垃圾

汗流浃背	根茎	细菌	瞌睡虫	磕头
纰漏	纰缪	剽窃	瞥一眼	撇油
考拼音	偏颇	蹊跷	星期一	期中考
跷跷板	特殊	挑剔	依偎	憎恨
爱憎分明	脂肪	笨拙		

2. 阳平

惩罚	脂肪	符合	俘虏	嫉妒
汲取	即使	倔强	书声琅琅	硕果累累
头颅	棕榈	莆田	返璞归真	祈求
潜力	仍然	佘太君	红彤彤	抄袭
走穴	曹禺	负隅顽抗	舆论	卓越

3. 上声

碳酸铵	畚箕	卑鄙	屏气	逞强
储备	画舫	自个儿	红丞	脊梁
肩胛	长颈鹿	瓶颈	杀一儆百	针灸
收敛	连累	泯灭	洁癖	癖好
瞟一眼	绮丽	强迫	强词夺理	强人所难
悄声细语	番薯	偃旗息鼓	俨然	黝黑
沼泽	旋转			

4. 去声

投奔	摒弃	相形见绌	罢黜	脑卒中
逮捕	档案	追悼	大嶝岛	珐琅
梵蒂冈	缝隙	复杂	估衣店	蛮横

横财	一哄而散	闽侯	诲人不倦	晦气
插科打诨	混合	鲫鱼	荠菜	内疚
既往不咎	马厩	嗑瓜子	木框	眼眶
装殓	踉跄	趔趄	拘泥	昵称
譬如	怪僻	搭讪	疝气	狩猎
别墅	字帖	因为	孙悟空	向往
肖像	不肖子孙	炫目	炫耀	眩晕
渲染	鞋楦	徇私舞弊	驯服	以身殉职
亚洲	酽茶	怏怏不乐	打烊	友谊
与会	下载	召唤	笊篱	诤言
诤友	虫豸	炙手可热	真挚	压轴

四、多音字及轻声、儿化

（一）多音字

小学语文课本中的多音字近 400 字，相当于义务教育阶段总识字量的九分之一，可见多音字的学习忽略不得。

普通话的多音字和方言不完全相同，以下列举一些多音字供读者练习用：

创：① chuāng ～伤。② chuàng ～造。

给：① gěi 送～你。② jǐ 供～。

供：① gōng ～应。② gòng ～品。

和：① hé 心平气～。②hè 随声附～。③ huó ～面。④ huò ～稀泥。
　　⑤ hú 打麻将～了。

圈：① quān 圆～。② juàn 羊～；把鸡～起来。

夹：① jiā ～子。② jiá ～袄。

系：① jì ～鞋带。② xì 关～。

累：① léi 硕果～～。② lěi 积～。③ lèi 干得很～。

强：① qiáng ～大。② qiǎng 勉～。③ jiàng 倔～。

为：① wéi 事在人～。② wèi ～了母亲的微笑。

晕：① yūn 头～。② yùn ～船。

济：① jǐ ～～一堂。② jì 和衷共～。

解：① jiě 强作～人。② xiè 浑身～数。

落：① luò 叶～归根。② là 丢三～四。

模：① mó ～范。② mú ～样。

切：① qiē ～除。② qiè ～肤之痛。

塞：① sāi 把窟窿～住。② sài ～翁失马。③ sè 茅～顿开。

识：① shí 博学多～。② zhì 博闻强～。

血：① xiě 杀人不见～。② xuè 呕心沥～。

乐：① yuè 音～。② lè 快～。

中：① zhōng ～看不～吃。② zhòng 言必有～。

以下列举常见的多音词，以供读者练习：

扒拉：① bāla ～算盘子儿。② pála ～了两口饭。

把子：① bǎzi 加～劲儿。② bàzi 刀～。

朝阳：① cháoyáng 丹凤～。② zhāoyáng ～产业。

澄清：① chéngqīng ～事实。② dèngqīng 水～后再用。

大夫：① dàfū 谏议～。② dàifu 请～看病。

当年：① dāngnián 好汉不提～勇。② dàngnián 这些措施～见效。

倒车：① dǎochē 中途～。② dàochē ～，请注意。

得了：① déliǎo 这还～吗？② déle ～，别说了。

调配：① diàopèi ～物资。② tiáopèi ～药物。

分子：① fēnzǐ 高～化合物。② fènzǐ 知识～。

杆子：① gānzi 电线～。② gǎnzi 笔～。

见长：① jiàncháng 以书法～。② jiànzhǎng 本领～。

教学：① jiāoxué 他在大学里～。② jiàoxué ～设计。

结果：① jiēguǒ 开花～。② jiéguǒ 事情有了好的～。

尽量：① jǐnliàng 我～做到这些要求。② jìnliàng ～吃。

露头：① lùtóu 矿体的～。② lòutóu 事情刚一～就被我们发现了。

倾倒：① qīngdǎo 为之～。② qīngdào ～内心的苦闷。

正当：① zhèngdāng ～此时。② zhèngdàng ～防卫。

转动：① zhuǎndòng ～腰部。② zhuàndòng 风车～。

（二）轻声

1. 轻声的读法

轻声是一种特殊的声调变读。普通话阴阳上去四个调的字都可以变读为又轻又短的调。当前一个音节的声调是阴平、阳平、去声的时候，后面一个轻声音节的调形是短促的低降调，调值为21；当前一个音节的声调为上声的时候，后面一个轻声音节的调形是短促的半高调4。轻声字的读音大体上只有前字的一半长短。例如：

举例	的				子		头	称谓	
阴+轻	黑的	冰的	金的	方的	桌子	摊子	跟头	妈妈	叔叔
阳+轻	红的	凉的	银的	圆的	房子	坛子	石头	爷爷	伯伯
上+轻	紫的	好的	铁的	小的	斧子	毯子	骨头	奶奶	婶婶
去+轻	绿的	热的	木的	大的	扇子	探子	木头	爸爸	舅舅

2.轻声词的主要范围

（1）名词、代词后缀"子、头、巴、们、么"等。如：孩子、派头、泥巴、他们、什么。

（2）重叠式名词、动词的末尾音节。如：妈妈、星星、看看、走走、唱唱。

（3）名词、代词后面的方位词"上、下、里、边、面"。如：路上、台下、心里、外边、里面。

（4）动词、形容词后面的趋向动词"来、去、起来、下去、进来、出去"。

（5）结构助词"的、地、得"。如：好的、快快地走、跑得快。

（6）时态助词"着、了、过"。如：看着、看了、看过。

（7）语气助词"啊、啦、吧、吗、呢"等。如：好啊、去啦、来吧、是吗、好着呢。

（8）动词、形容词中的"一""不"。如：看一看、是不是。

（9）人称代词作宾语。如：找你、请他、叫我。

（10）某些不表义的音缀。如：啰哩啰唆、黑不溜秋、流里流气。

3.区别词义的轻声词

一般人学习普通话的轻声，只要知道那些写出来是同样的字，读为轻声与不轻声意义不同的词语就行了。以下列举这类词语（轻声词在后）：

摆设：①～家具。②小～。

本事：①～诗。②有～。

编辑：①～加工。②年轻～。

不是：①～这本书。②这就是你的～了。

裁缝：①衣服～得体。②做～。

大人：①父亲～。②～和小孩。

大爷：①～脾气。②老～。

大意：①段落～。②粗心～。

地道：①挖～。②～药材。

地方：①～政府。②你是什么～的人？

地下：①～商场。②钢笔掉到～了。

东西：①不分～南北。②买～。

对头：①方法～。②冤家～。

多少：①～不等。②～钱？

反正：①拨乱～。②～就是这么一回事儿。

废物：①～利用。②真是个～。

公道：①主持～。②办事～。

过年：①回家～。②这孩子～该上学了。

过去：①～和现在。②我～看看。

精神：①～面貌。②长得很～。

劳动：①体力～。②～您跑一趟。

眉目：①～清秀。②事情有～了。

男人：①～都下地干活了。②她～在外地工作。

女人：①～和孩子。②张大哥的～。

妻子：①却看～愁何在。②丈夫和～。

枪手：①神～。②替别人做～。

人家：①这个村子有一百多户～。②～做得到，我也做得到。

生意：①～盎然。②～兴隆。

实在：①～太好了。②工作做得很～。

孙子：①～兵法。②爷爷和～。

媳妇：①儿～。②张大哥的～儿。

下水：①新船~。②猪~。

兄弟：①~二人。②~我初来乍到，请多多关照。

运气：①他一~，把杠铃举了起来。②~好。

丈夫：①大~。②妻子和~。

自然：①大~。②态度~。

自在：①逍遥~。②轻松~。

以上所举各词前后字声韵都相同。以下各例则不同，声韵出现变化，但这种情况极少。如：

便宜：① biànyí ~行事。② piányi 东西~。

温和：① wēnhé ~的阳光。② wēnhuo 粥还~呢，快喝吧。

琢磨：① zhuómó ~玉石。② zuómo ~文章。

以下是一些常见的轻声词：

爱人	巴掌	爸爸	白净	帮手	棒槌	包袱	包涵	本事
比方	扁担	别扭	拨弄	簸箕	补丁	不由得	不在乎	部分
财主	裁缝	苍蝇	差事	柴火	称呼	除了	锄头	畜生
窗户	刺猬	凑合	耷拉	答应	打扮	打点	打发	打量
打算	打听	大方	大爷	大夫	耽搁	道士	灯笼	提防
地道	地方	弟弟	弟兄	点心	东家	东西	动静	动弹
豆腐	嘟囔	对付	对头	队伍	多么	耳朵	风筝	福气
甘蔗	干事	高粱	膏药	告诉	疙瘩	哥哥	胳膊	跟头
工夫	公公	功夫	姑姑	姑娘	骨头	故事	寡妇	怪物
关系	官司	罐头	规矩	闺女	蛤蟆	含糊	行当	合同
和尚	核桃	红火	后头	厚道	狐狸	胡琴	糊涂	胡萝卜
护士	皇上	活泼	火候	伙计	机灵	脊梁	记号	记性
家伙	架势	嫁妆	见识	将就	交情	叫唤	结实	街坊
姐夫	姐姐	戒指	精神	舅舅	咳嗽	客气	口袋	窟窿

快活	困难	阔气	喇叭	喇嘛	懒得	浪头	老婆	老实
老太太	老爷	姥姥	累赘	篱笆	里头	力气	厉害	利落
利索	痢疾	连累	凉快	粮食	溜达	萝卜	骆驼	妈妈
麻烦	麻利	马虎	码头	买卖	馒头	忙活	冒失	眉毛
媒人	妹妹	门道	眯缝	迷糊	苗条	苗头	名堂	名字
明白	模糊	蘑菇	木匠	木头	那么	奶奶	难为	脑袋
能耐	你们	念叨	念头	娘家	奴才	女婿	暖和	疟疾
牌楼	盘算	朋友	脾气	屁股	便宜	漂亮	婆家	婆婆
铺盖	欺负	前头	亲戚	勤快	清楚	亲家	拳头	热闹
人家	人们	认识	扫帚	商量	上司	上头	烧饼	少爷
舌头	什么	生意	牲口	师父	师傅	石匠	石榴	石头
时候	实在	拾掇	使唤	世故	似的	事情	收成	收拾
首饰	叔叔	舒服	舒坦	疏忽	爽快	思量	算计	岁数
他们	它们	她们	太太	特务	跳蚤	铁匠	头发	妥当
唾沫	挖苦	娃娃	晚上	尾巴	委屈	为了	位置	稳当
我们	稀罕	媳妇	喜欢	下巴	吓唬	先生	乡下	箱子
相声	消息	小气	笑话	谢谢	心思	星星	猩猩	行李
兄弟	休息	秀才	秀气	学生	学问	丫头	衙门	哑巴
胭脂	烟筒	眼睛	秧歌	养活	吆喝	妖精	钥匙	爷爷
衣服	衣裳	意思	应酬	冤枉	月饼	月亮	云彩	运气
在乎	咱们	早上	怎么	扎实	眨巴	栅栏	张罗	丈夫
丈人	帐篷	招呼	招牌	折腾	这个	这么	枕头	芝麻
知识	指甲	指头	主意	转悠	庄稼	壮实	状元	自在
字号	祖宗	嘴巴	作坊	琢磨				

（三）儿化

1. 儿化词的读法

常用字的发音加上卷舌化动作，变读为儿化韵，这就是儿化现象。现代汉语中后缀"儿"不能自成音节，而是和前一个音节合读，使前一音节韵腹卷舌而发生音变现象。

普通话有不少儿化词。例如：

拔尖儿：出众。

白案儿：炊事分工上指做主食的工作。

白卷儿：没有写答案的考卷。

爆肚（dǔ）儿：用牛羊肚儿做的食品。

本儿：本子；本钱。

奔（bèn）头儿：前途。

脖颈（gěng）儿：脖子的后部。

擦黑儿：天刚黑下来。

藏猫儿：捉迷藏。

草底儿：草稿。

尝鲜儿：品尝新上市的食品。

出数儿：产生的数量大。

雏儿：年纪轻、阅历少的人。

搓板儿：用于洗衣服的木板。

搭脚儿：因便免费搭乘车船。

打盹儿：坐着小睡一下。

大款儿：有钱人。

大腕儿：指有名气、有实力的人（多指文艺界、体育界的）。

斗嘴儿：争吵；耍嘴皮子。

过节儿：矛盾、积怨。

红人儿：受重用、走红的人。

护短儿：为自己或与自己有关的人的缺点、过失辩护。

话茬儿：话头；口风、口气。

叫座儿：戏剧、电影能吸引观众。

较真儿：非常认真。

解手儿：排泄大便或小便。

就手儿：顺手，顺便。

开春儿：初春时节。

冷盘儿：凉菜。

刘海儿：妇女或儿童垂在前额的整齐的短发。

遛弯儿：散步。

罗锅儿：驼背的人。

马竿儿：盲人探路用的竹竿。

买好儿：故意讨人喜欢。

没门儿：没有门路，没有办法；表示不可能；表示不同意。

没准儿：说不定，不一定。

门脸儿：门面。

蒙圈儿：晕了。

票友儿：业余的戏曲演员。

破烂儿：废品。

枪子儿：子弹。

碎步儿：小而快的步子。

听信儿：等候消息。

头儿：为首的人，领导人。

压根儿：根本，从来。

眼儿：小洞，窟窿。

扎堆儿：不少人凑到一起。

掌勺儿：主持烹调。

针鼻儿：针上引线的孔。

支着（zhāo）儿：从旁给人出主意。

2. 儿化的作用

（1）区别词义。例如：火星（行星）/火星儿（小火光）；白面（小麦粉）/白面儿（指毒品海洛因）。

（2）区别词性。例如：盖（动词，用东西遮掩）/盖儿（名词，遮盖器物的东西）。

（3）表示小、薄、细、轻等状态和附加喜爱的感情色彩。例如：小碗儿、铁片儿、红头绳儿、小孩儿、心肝儿、宝贝儿。

（4）用儿化手段造成新的词语。例如：玩儿、味儿、玩意儿、小辫儿、坎儿井。

儿化现象在多数官话方言中都存在，覆盖的人口达到十几亿，对普通话有很大影响。普通话口语的儿化现象也普遍存在，是普通话语音的重要特点。因此，学习儿化音，掌握儿化词是很有必要的。有些词可以儿化，也可以不儿化，没有意义上的区别，如"内侄"和"内侄儿"。有些词不能儿化，如果随便儿化就会发生歧义，例如不能把"词"说成"词儿"。有些词非儿化不可，不儿化就会造成误会，例如旧时的购油证叫"油票儿"，不儿化就成了"邮票"。

读读下面几句话，就能体会到儿化具有区别词义的功能：

早点儿去买早点。

火车晚点了，晚点儿去接人。

从后门出去，找院长开个后门儿。

3.区别词义的儿化词

以下词语，不儿化和儿化意义不同：

摆设：～家具。/摆设儿：买了几件～。

伴：～你同行。/伴儿：有～。

包：把东西～起来。/包儿：打了个～。

宝贝：珍珠～。/宝贝儿：小～。

菜籽：～油。/菜籽儿：往地里撒～。

铲：～土。/铲儿：一把～。

长短：不要在背地里说人～。/长短儿：这衣服～合适。

出头：～露面。/出头儿：三十～。

吹风：病了别～。/吹风儿：事先～。

词：宋～。/词儿：没～了。

大气：～层。/大气儿：不敢出～。

大头：冤～。/大头儿：你拿～。

胆：～囊。/胆儿：壮壮～。

蛋：母鸡下～。/蛋儿：山药～。

地：～球。/地儿：没～站。

点：以～带面。/点儿：雨～。

垫：把桌子～高一些。/垫儿：坐～。

冻：～坏了。/冻儿：肉～。

兜：～圈子。/兜儿：裤～。

短：昼长夜～。/短儿：护～，别揭人家的～。

堆：～柴火。/堆儿：柴火～。

饭碗：用～盛饭。/饭碗儿：找～。

方：～块字。/方儿：照～抓药。

风：～雨。/风儿：听见一点儿～。

盖：～被子。/ 盖儿：茶壶～。

干：～湿分离。/ 干儿：豆～。

哥：大～。/ 哥儿：公子～，～们。

根：树～。/ 根儿：这孩子是他们家的～。

光棍：～流氓。/ 光棍儿：打～。

过门：用二胡拉个～。/ 过门儿：刚～的新媳妇儿。

好歹：～早点儿回来。/ 好歹儿：万一有个～。

加油：汽车～。/ 加油儿：大家都给你～。

讲究：～卫生。/ 讲究儿：这里头有～。

亮：地板很～。/ 亮儿：屋里没一点儿～。

路：走～。/ 路儿：没活～。

没劲：这电影真～。/ 没劲儿：浑身～。

曲：元～。/ 曲儿：唱个～。

手心：～出汗。/ 手心儿：他逃不出我的～。

台风：刮～。/ 台风儿：～潇洒。

玩：赏～。/ 玩儿：出去～。

媳妇：儿～。/ 媳妇儿：找～。

下手：无从～。/ 下手儿：打～。

小人：势利～。/ 小人儿：～书。

笑话：怕被别人～。/ 笑话儿：讲～。

一身：～是胆。/ 一身儿：这衣服是～的。

早点：吃～。/ 早点儿：～来。

子：父～。/ 子儿：口袋里没有一个～。

字：文～。/ 字儿：收到钱后写个～给他。

嘴：张开～。/ 嘴儿：壶～。

坐：～下。/ 坐儿：找个～。

4.绕口令练习

进了门儿，倒杯水儿，喝了两口儿，运运气儿，顺手儿拿起小唱本儿，唱了一曲儿又一曲儿，练完嗓门儿练嘴皮儿。绕口令儿，练字音儿，还有单弦儿牌子曲儿，小快板儿，大鼓词儿，越说越唱我越带劲儿。

| 第三章 |
福建人学习普通话词汇的难点

　　福建省内的方言主要是闽方言和客家方言，都已经有一千多年的历史。福建地处东南沿海的丘陵地带，在古代社会，交通闭塞，祖先从中原故地和吴、越、楚地带来不同的方言，经过与原住民的融合和杂处，在不同的小地域形成了一系列相互难以通话的小方言。福建方言不但语音上和普通话差别很大，词汇上的不同也比比皆是，许多最常用的词语都是外地人从未听过、也很难理解的。例如："人"说"侬"，"脚"说"骹"，"嘴"说"喙"，"房子"说"厝"或"屋"，"儿子"说"囝"或"子"，"铁锅"说"鼎"，"米汤"说"饮"；"到"说"遘"，"哭"说"啼"或"吼"，"睡"说"睏"，"解开"说"敨开"，"裂开"说"必"；"坏"说"呆"或"痞"，"高"说"悬"，"黑"说"乌"，"美"说"水"，"干"说"燋"。这些方言词，有的是先秦的古语或唐宋的文言，有的是方言的创新，大家都说得很自然，有些词还不知道怎么写。这些非常怪异的方言词，因为太常用了，只要初步学了些普通话，一般人都知道怎么改成普通话的说法，反倒不容易说错。

　　词汇是语言的建筑材料。我们说话的时候，意思要靠一个个词语来表达，靠语法规则把词语组织起来构成完整的话语。语音也具体地体现在词语里，掌握正确的语音也要和学习词汇相结合。可见，掌握词汇对于学习语言来说是至关重要的。福建的方言既然在词汇方面和普通话有许多不同，福建人在学习普通话时，就不能不了解方言词汇和普通话词汇的差异，克服学习普通话词汇时的困难，这样才能使自己说的普通话能够达到大体的规范，使外地人能够听懂。

福建方言和普通话之间，尽管有不少词汇差异，但是也有共同之处，而且这些共同的词语有不少是古代汉语传下来的核心词，例如"一、二、三、天、地、山、水、来、去、上、下、死、活、深、浅、多、少、长、短、轻、重、快、慢"等，普通话和各地方言大概都没有多少不同。还有最近几十年间出现的新词汇，也是大体一致的，例如"文化、教育、经济、政治、工业、农业、交通、运输、财政、金融、改革、开放、信息、网络、太空、航天"等。这些词汇在方言里本来也没有什么特殊的说法，大多是从普通话引进的。上文所列举的福建方言和普通话有别的"特征词"，因为是很常用的基本词汇，即使普通话还说得不太准的老年人，也大体上知道普通话应该怎么说。

就实际情况来说，福建人学习普通话词汇的难点主要有以下两种情况。

一、方言和普通话用字不同或意义有别的词语

方言和普通话有些词语用字不同或意义有别，中老年人已经说惯了方言词，由于不了解方言和普通话之间的差异，就容易把方言词套用到普通话中，造成表达上的不规范、不准确，有时甚至会使外地人不理解。例如闽方言说的"加工"，是"多此一举"的意思（如说"不必这么加工"），"细腻"相当于普通话的"小心"（如说"路上要细腻"）。

下面对福建人在日常生活中容易说错的词语大致加以分类，列表对照。

1. 天文、地理

普通话	方言
太阳	日头
星星	星
银河	河溪
雷	雷公
天气	天时
天亮	天光
晴天	好天 ①
下雨天 / 雨天	坏天
流星	天火
小河 / 小溪	河沟 / 溪仔
山谷	山沟 / 山坑
山上	山顶 / 岭头
山下	山脚
池塘	池 / 塘
河岸	溪岸
河滩	溪埔 / 溪坪
马路 ②	车路
渡口	渡头 / 渡船头
泥土	土 / 塗（干湿不分）

① 风霜雨雪是自然现象，说天气好坏是人的感觉。
② 供人和车走的路统称"马路"。

续表

普通话	方言
田地	田（水田、旱田不分）
田埂	田岸
水渠	水沟 / 水圳 / 圳沟
窟窿	空空 / 空
岩石	石岩
沙子	沙
灰尘	尘灰 / 土粉
垃圾	粪扫
发大水	做大水 / 做溪水 / 大水
老天爷	天公 / 天公爹
失火	火烧家 / 着火烧

2. 时间、方位

普通话	方言
月末	月尾
年初	年头 ①
年底 / 年末	年尾
最初 / 开初	初头 / 头头 / 起头
时候	时节
刚才	头先 / 起先
早先 / 以前、古时候	旧底 / 早前、古早时
中旬	月中

---

① 普通话中的"年头"是指年数，不是指一年开初。

续表

普通话	方言
半天 ①	半日 / 半工
昨天、前天、后天	昨日、前日、后日
明天	明日 / 天光 / 天光日
五分钟、十分钟	一个字、两个字 ②
去年	旧年
早晨	早起 / 起早
半夜	半冥
傍晚	晚边
除夕	三十晚上
大年初一	年初一
元宵	上元
端午	五月节 / 五日节
夏天	热天
冬天	寒天
冬至	冬节
阴历	旧历
阳历	新历
附近	邻近 / 近边
左边	上手 / 反手边 / 小边
右边	下手 / 正手边 / 大边
地方	位处 / 所在

① 普通话中"日"作量词用于书面语，口语一般用"天"。

② 闽方言有按表上的"字"论时间的习惯。

普通话	方言
旁边	边头 / 侧角
上面	顶面 / 上边
下面	下底 / 下边
中间	中央 / 台中
前面	面前 / 头前
外面	外头 / 外口

3. 植物

普通话	方言
毛竹	马竹 / 麻竹
竹子	竹
杜鹃花	清明花 / 满山红
荷花	莲花
树苗	树栽
稻子	禾
稻草	草 / 禾草干
糯米	秫米
西红柿	番茄 ①
洋葱	北葱
荸荠	尾荠 / 尾梨
藕	莲藕 / 藕节
芝麻	油麻 / 油蒜

① 有些外来的物品，方言用"洋"或"番"命名。

续表

普通话	方言
黄麻	苦麻
高粱	番黍 / 高粱粟
花生	落花生 / 土豆 / 番豆
菜苗	菜栽
蔬菜	菜蔬 / 草菜
青椒	菜椒
甘薯 / 红薯 / 白薯	番薯 / 地瓜
南瓜	金瓜
黄瓜	刺瓜 / 菜瓜
丝瓜	菥瓜 / 暑瓜
茭白	茭笋 / 茭白笋
豌豆	金豆 / 荷兰豆
黄豆 / 大豆	白豆
茄子	紫菜（闽东）①/ 茄
萝卜	菜头
胡萝卜	红萝卜 / 红菜头
马铃薯	番仔番薯 / 番仔薯
菠菜	菠菱菜 / 菠菱
菜花	花菜
蘑菇	菇
黄花菜	金针菜 / 金针
干菜	菜干

---

① 普通话中的紫菜指生在海岸边的一种藻类，茄子则是一种蔬菜。

普通话	方言
梨	梨子
水果	果子
甘蔗	蔗
柿子	红柿 / 柿仔
香蕉	芳蕉 / 芭蕉 / 芭蕉果
芒果	檨仔 / 番檨
菠萝	王梨 / 黄梨 / 凤梨
柚子	抛 / 文旦
龙眼	桂圆 / 宝圆
芭乐	番石榴
柑橘 / 橘子	红柑 / 红橘
麦秸	麦草 / 麦稿
卷心菜 / 包心菜	包菜 / 高丽菜

4. 动物

普通话	方言
狮子	狮
猴子	老猴① / 猴
蛇	老蛇
鸽子	白鸽
鹦鹉 / 八哥儿	鹦哥
蜜蜂	蜂

---

① 普通话中用"老"作前缀的动物名有"老虎、老鼠"。

续表

普通话	方言
公牛 ①	牛牯 / 牛公
母牛	牛母
公猪	猪公 / 猪哥
母猪	猪母
种猪	猪哥
公鸡	鸡公 / 鸡角
母鸡	鸡母
小鸡	鸡仔
兔子	兔
鸭子	鸭

5. 房舍、器具

普通话	方言
胡同	巷子 / 弄堂 / 巷
村庄	乡里 / 乡社 / 社里
街道	街路
房子	厝 / 屋
房间	厝间 / 间 / 房
墙壁	墙 / 壁堵
茅屋	草厝 / 草寮
厨房	灶下 / 灶间 / 灶前
厕所	茅司 / 屎窖 / 屎坑

---

① 普通话中表示动物雄、雌的"公""母"要放在动物名的前面，不能放在后面，如"公鸡、母鸭、公羊、母牛"。

普通话	方言
天井	深井
墓碑	墓牌 / 碑石
粮仓	谷仓
猪圈	猪栏 / 猪橱
门板	门扇
木板墙	枋堵 / 板壁
过道	巷廊
阳台	露台 / 凉台
澡堂	洗身间 / 浴间
温泉	汤池
理发店	剪头店 / 剃头店
裁缝店	衣裳店
馆子 / 饭馆 / 饭店	馆店 / 菜馆
旅舍	旅馆 / 旅社 / 客店
商店	店头
梯子（可移动）	梯 / 栈子
楼梯（固定的）	楼阶 / 楼梯
桌子	桌 / 床（莆田）/ 盘（邵武）/ 桌仔（闽南）
抽屉	屉 / 拖箱
椅子	靠背椅 / 交椅
凳子 / 板凳 / 条凳	椅条
锅 / 铁锅	鼎
锅盖	鼎盖 / 鼎片
钢精锅	铝锅
搪瓷	红毛盉

续表

普通话	方言
瓷器	盍器 / 湎 / 硋
饭钵	饭砗
灶台	灶头
灶膛	灶空 / 灶腹
风箱	风柜
蒸笼	笼床 / 炊床
砧板 / 案板	菜板 / 砧
碗柜	菜橱
锅铲	铲子 / 煎匙
炊帚	鼎笄 / 鼎絮
茶壶	茶瓶 / 茶婆
茶缸子	牙杯 / 牙罐 / 罐罐 / 齿杯
瓶子	瓶瓶 / 酒矸
杯子	杯杯 / 瓯哩
酒杯	酒盏 / 酒瓯
盘子	盘盘 / 盘 / 碟
筷子	箸
勺子 / 勺儿	瓢瓢 / 瓢 / 勺
调羹	瓢羹 / 汤匙
床铺	床 / 眠床
床单	床巾
席子	席
凉席 / 竹席	篾席
蚊帐	蜢帐 / 蜢罩 / 帐
被子	被

续表

普通话	方言
钟	时钟
手表	表仔
怀表	袋表
手绢	手巾 / 手帕
毛巾	手巾 / 脸布 / 脚布 / 面巾 / 面布 ①
抹布	擦桌布 / 桌布巾
马桶	房桶 / 尿盆
草纸	粗纸
搓板	洗衣板 / 洗衫枋
肥皂	胰皂 / 番碱 / 雪文
脸盆	面盆 / 罗盆 / 面桶
热水	汤 / 烧水
开水	滚水 / 沸水 / 滚汤
热水瓶 / 暖水瓶	开水壶 / 电罐 / 电瓶
手电筒 / 手电 / 电筒	电火 / 电筒
梳子	头梳 / 柴梳 / 捋仔
剪子 / 剪刀	铰刀 / 铰剪 / 铰刀剪
牙刷	齿刷
牙膏	齿膏
钥匙	锁匙 / 匙（福州）
钉子	铁钉 / 洋钉 / 钉仔 / 铁钉仔
扇子	扇 / 葵扇 / 蒲扇
雨伞	伞 / 遮

---

① 方言分类多，名称多，普通话统称毛巾，必要时前面加上定语，如洗脸毛巾、擦脚毛巾。

普通话	方言
汽油	电油
煤油	洋油 / 土油 / 番仔油
火柴	洋火 / 自来火 / 火擦
蜡烛	蜡 / 烛
火笼	火燌
纸篓	字纸笼
扫把	扫帚
炭	火炭
水泥	洋灰 / 霸灰
缝纫机	针车 / 衣裳车
自行车	脚踏车 / 单车
橡皮圈儿	牛筋 / 牛皮筋
刹车（名词）	保险 / 车禁

6. 服饰

普通话	方言
棉衣	棉袄 / 棉裘 / 棉衫
衣服 / 衣裳	衫裤
里子	内里
袖子	手袩
袖口	手袩口
短袖	短袩
毛线	羊毛线 / 羊毛
毛衣	羊毛衣 / 羊毛衫
毛裤	羊毛裤

普通话	方言
衬衫	汗衫 / 云衫
汗衫	纱衫
背心	背褡 / 袷仔
上衣	衫
睡衣	睏衫 / 睏衫裯
睡裤	睏裤
雨衣	雨衫
斗笠	笠 / 大笠 / 笠仔
草帽	草笠
旗袍	长衫
领子	领头 / 衫领
纽扣	纽 / 扣
围巾	领巾
围裙	围身裙 / 布裙
口袋 / 袋子	袋袋（福州）/ 橐袋子（厦门）/ 帕
裤腰	裤头
裤腿	裤脚
裤裆	裤斗 / 裤桶
裤衩	短裤 / 里裤
袜子	袜
帽子	头帽 / 帽
眼镜	目镜
手杖	杖杖 / 洞葛
提包 / 包儿	手提包 / 包包
雨鞋	水鞋 / 鞋套

续表

普通话	方言
凉鞋	空气鞋
拖鞋	鞋拖 / 鞋靸
靴	鞋靴 / 长筒鞋
胶鞋	树椑鞋
木屐	木拖鞋 / 柴屐 / 鞋拖屐
戒指	手指
手镯	手圈

7. 饮食

普通话	方言
红糖	黑糖 / 乌糖
麦芽糖	米糖 / 麦芽膏
线面	面线 / 索面
粉丝	山东粉 / 冬粉
剩饭	现饭 / 清饭
夹生饭	含米仁 / 半生熟
薏米	薏仁
粥	稀饭 / 糜 / 饮糜
淀粉 / 芡粉	地瓜粉 / 番薯粉
味精	味素 / 味素粉
酱油	豆油[①] / 豆豉油 / 酱清
老姜	姜母
生姜	子姜 / 水姜

---

① 普通话中豆油是用大豆榨的食用油。

普通话	方言
冰棍儿	霜条 / 冰棒 / 冰条
猪蹄	猪脚①
松花蛋	皮蛋
荷包蛋	蛋包 / 煎蛋
花生油	生油 / 土豆油
芝麻油 / 香油	麻油
猪油	脋油 / 膏油 / 猪膏 / 月公油
下水儿	腹内
汤面	面汤
豆腐脑儿	豆花
豆腐干	豆干 / 香干
腐竹	豆腐箸 / 竹仔支
麸	麦麸
馒头	面头 / 馍馍
馄饨	扁食 / 扁肉
油条	油炸馃
豆浆	豆奶 / 豆浆
年糕	糖果 / 糕粿
香烟	薰支 / 薰仔
旱烟	红烟 / 厚烟
烟灰	薰屎
春卷	春饼
素菜	斋菜
荤菜	鲦菜

① 普通话中牛、马、羊的脚一般称"蹄"，不说"脚"。

续表

普通话	方言
蜂蜜	蜜糖 / 蜜
蛋糕	鸡蛋糕 / 鸭卵糕
面条儿	面 / 面其 / 大面
月饼	中秋饼
海带	海菜
黄鱼	红花鱼 / 红瓜鱼
咸带鱼	鲞 / 咸鲞
带鱼	白鱼 / 白带鱼
泔水	洗米水 / 米水 / 潲水

8. 身体、疾病

普通话	方言
身体	身躯
脑袋	头壳 / 头 / 头那
脖子	脰骨 / 颔管 / 颔肌
头发	头毛
脸	面
脸皮	面皮
眼睛	目珠
眼珠	目仁 / 目珠仁
眼泪	目汁 / 目屎
眼眵	目屎膏
嘴巴	喙
牙齿	喙齿 / 牙齿（合音）
眉毛	目眉毛

普通话	方言
眉	目眉
嘴皮 / 嘴唇	喙皮 / 喙唇皮
口水	口澜 / 澜
舌头	舌仔 / 喙舌
下巴	下骸 / 下斗
胡须	喙须 / 须须
络腮胡子	胡须
辫子	辫辫 / 髻子
右手	正手
左手	反手 / 背手 / 倒手
手	手（包括手和胳臂）
胳臂	手肚
大拇指	大拇哥
食指	指指
中指	中哥
小拇指	尾指仔 / 尾尾指
指甲	掌甲
拳头	拳头母
八字脚	鸭母脚
腿	脚腿 / 骹 / 骹腿
小腿	骹肚
脚	骹（包括脚和腿）
脚踝	骹目
脚后跟	脚踭 / 骹腌
膝盖	膝头 / 骹头趺 / 骹腹头
肚子	腹佬 / 腹肚

续表

普通话	方言
肚脐	腹脐
麻脸	粗脸 / 猫面
冻疮	冻子
疝气	脱肠 / 小肠气 / 大卵泡

9. 称谓

普通话	方言
孕妇	大肚子 / 大肚婆
残疾	破相
聋子	耳聋 / 臭耳聋
瞎子	青盲
哑巴	病哑 / 哑狗
跛子	拐脚 / 摆骹
驼子	弯髀 / 弯腰 / 瘝痀
傻子	戆囝
疯子	癫子 / 痟侬
贼	贼牯
扒手	三只手 / 剪绺 / 佬仔
乞丐	乞食 / 告化
笨蛋	饭桶
爷爷①	阿公 / 依公 / 公爹

---

① 普通话中亲属长辈的称呼采取叠音的方式，如"爷爷、奶奶、伯伯、叔叔、姑姑、舅舅"。父辈亲属的配偶除"婶婶"外一般女性为"母"或"妈"，如"伯母、舅妈、舅母"，男性为"父""夫""丈"，如"姑父、姑夫、姑丈、姨父、姨夫、姨丈"。闽方言对亲属长辈的称呼通常以"依、阿"为前缀。

普通话	方言
奶奶	阿妈 / 依妈
父亲	老爸 / 即爸 / 娘爸
母亲	老母 / 依奶 / 阿母 / 娘奶
父母	爸母 / 爸奶
叔父	阿叔 / 依家
叔母	阿妗 / 依妗
堂兄弟	叔伯兄弟
堂亲	亲堂 / 自家人
娘家	外家
亲家母	亲母
外祖父	外公 / 外家公 / 公舅
外祖母	外婆 / 外妈 / 外家妈
曾祖父	太公
曾祖母	太妈
公公	老官 / 大官
婆婆	大家 / 家婆 / 嬷嬷
姑丈	姑爹
姑妈	依姑 / 阿姑
嫂子	嫂嫂 / 阿嫂 / 依嫂
儿媳	新妇
妯娌	姆婶 / 叔伯母 / 同姒
连襟	同门 / 两姨丈 / 大细仙
岳父	丈侬 / 丈门佬
岳母	丈姆 / 丈门婆
夫妻	老公妈 / 老公婆 / 翁佬

续表

普通话	方言
丈夫	老公 / 翁 / 大夫侬
妻子	老婆 / 老妈 / 佬（某）
女儿	诸娘子 / 阿娘子 / 查某囝
女婿	婿郎 / 姐夫 / 郎 / 囝婿
小舅子	亲家舅 / 细舅 / 舅子
小姨子	细姨 / 某姨 / 姨仔
哥哥	依哥 / 阿兄
弟弟	小弟 / 依弟
弟媳	弟亲妇 / 小妗
小叔子	细家 / 小叔
妹妹	老妹 / 依妹 / 小妹
妹夫	妹婿 / 妹郎
姐姐	阿姊 / 依姐 / 姊唎
姐夫	姊夫 / 姊丈
老大爷	依伯 / 老阿伯 / 老伯
大娘	依姆 / 依婆 / 老阿婆
孙子①	里头孙② / 里孙 / 孙
孙女	诸娘孙 / 查某孙
外孙	外甥孙 / 外甥

① 有两组词在闽方言中有混淆的情况：一是"孙子"和"侄儿"，一是"外孙"和"外甥"。前者闽方言统称"孙"，后者闽方言统称"外甥"。普通话中"孙"要加后缀构成词语"孙子"；侄儿是兄弟的孩子，不能称"孙"；女儿的孩子是"外孙"，而不是"外甥"。

② 中国人按习惯将父系和母系分为"内"和"外"，所以将孙子称为"里头孙"。

普通话	方言
侄儿 / 侄子	孙 / 孙子
子孙 / 儿孙	团孙
双胞胎	双生子 / 双生
单身汉	单身哥 / 光棍
男人	丈夫侬 / 大夫侬
女人	诸娘侬 / 查某侬
名字	名
亲戚	亲情
邻居	厝边 / 邻舍
老乡	乡里侬 / 乡里
客人	侬客
农民	作田侬
泥水匠	作土师傅 / 塗水师
木匠	作木师傅 / 木师
理发匠	剃头师傅 / 做头师傅
生意人	生理侬
厨师	厨师傅 / 馆夫

10. 农工商文

普通话	方言
年成	年冬
插秧	莳田 / 插秧 / 播田
薅草	抠草
施肥	落肥
割稻子	割稻 / 割禾

续表

普通话	方言
锄头	镢头
扁担	担竿
轿车 / 小车	包车① / 小包车
学校	学堂 / 书斋
黑板	乌牌
砚台	砚 / 墨盘
本子	本本 / 簿子
别字	白字
橡皮擦	笔擦 / 橡皮
足球	脚球
乒乓球	桌球
渡口	渡船头 / 渡头
路费	盘缠 / 所费 / 怿费
买票	拍票 / 拆票
车费	车税
钞票	纸票 / 纸字
零票	碎票 / 散钱
赚钱	趁钱
合伙	佮本
鞭炮	炮 / 炮仗
对联	联对
信件	批信
图章	印仔 / 印

① "包车" 在普通话中指租用车辆。

普通话	方言
味道 / 气味	味素
命运	命 / 字运
运气	运图 / 字运
力气	气力
第一名	头名
最后一名	尾名

11. 行为动作

普通话	方言
地震	地动 / 地牛翻身
狗叫	狗吠 / 犬吠
鸡叫	鸡啼
下蛋	生蛋 / 生卵
种地	作田 / 打田
捕鱼 / 打鱼	搦鱼 / 讨鱼 / 拿鱼
砍柴	讨柴 / 割柴 / 挫柴
放牛	映牛 / 顾牛 / 饲牛
杀猪	刣猪 / 刺猪
做饭	煮饭 / 煮食
盛饭	装饭 / 舀饭
喝粥	食粥 / 食糜
抽烟 / 吸烟	食烟
喝酒	食酒
沏茶	泡茶
吃	食

续表

普通话	方言
吃早饭	食朝 / 食饭
吃中饭	食昼
吃晚饭	食夜 / 食罾
穿衣	颂 / 着
睡	眠 / 睡目
睡醒	眠清醒 / 眠醒
跌倒	跋倒
盖房子	起厝 / 造屋
扫地	扫房子 / 扫舍
赶集	赴墟 / 应墟
走亲戚	做人客 / 过位
上坟 / 扫墓	献纸 / 烧纸 / 醮地 / 醮墓
算命	看命 / 排流年
保佑	保庇
许愿 / 还愿	下愿 / 谢愿
相亲	看侬
做媒	做媒侬
娶亲	讨老婆 / 讨亲
出嫁	出客 / 做客 / 做新妇
怀孕	大肚子 / 有孕
害喜	病孩子 / 病囝
流产	小产 / 损身
生孩子	养囝 / 生囝
喂养孩子	饲囝
带孩子	共囝 / 氆囝

普通话	方言
骑车	坐车 / 踏车
拉车	拖车 / 牵车
乘车	搭车
理发	剃头 / 剪头发 / 剪头
游泳	泅水 / 洗身
打球	拍球
猜拳 / 划拳	化拳
舞狮	弄狮 / 拍狮
演戏	做戏 / 扮戏
讲故事	讲古
玩儿	嫽 / 搞 / 客聊 / 七桃
打架	相拍 / 对拍
吵架 / 吵嘴	相骂 / 讲口
讨饭 / 乞讨	告化 / 讨食
赌博	赌钱 / 跋缴
关张	倒店
打折	拍折
补贴	贴补
贪污	食钱
做账	做数
欠账	欠数
亏本 / 赔本	折本 / 了本
上学	入学
放学	放斋 / 放下
逃学	偷走书 / 走学

续表

普通话	方言
休学	停学
上课	上堂
下课	落堂 / 落课
背诵	背书
考试	考书
下棋	走棋 / 动棋 / 行棋
愁 / 发愁	苦
高兴	欢喜
生气	起火 / 受气（闽南）
惦记	记挂
吹牛	吹大炮
撒谎	骗人 / 讲假话 / 话假事
说话	讲话 / 话事
认识他	八伊 / 认得渠
不认识	獪八 / 唔八 / 唔识
闲聊 / 聊天	攀讲 / 化仙
告诉我、告诉他	跟我说、跟他说
瞧不起 / 看不起	看没有 / 看獪起 / 看唔起
找不着	找没有
卖完了	卖没有了
丢失	拍遏 / 没有掉 / 拍无去
要去	卜去
不来	唔来
别说	唔通讲 / 莫讲
可以说	会讲得

普通话	方言
胡说	乱讲
忘记	獪记得 / 唔记得
记得	会记得 / 会记
知道	晓得 / 知晓 / 知影
再见	再会
打瞌睡	打目睡 / 舂米
打哈欠	哈耳 / 掰嘴
打赤膊	褪聘聘 / 褪腹脱
打赤脚	褪跣骹 / 光脚
休息	歇 / 歇暝
做客	做依客
做梦	梦见 / 眠梦
丢脸	没面 / 无面子
洗澡	洗汤 / 洗身 / 洗浴
刷牙	洗牙齿 / 洗喙
盖被子	遮被（闽北）/ 甲被
叠被子	折被
起床	爬起来 / 爬起
躺下	倒下 / 倒落去
困 / 犯困	爱睡 / 想倒
失眠	獪暝得 / 睡没有 / 没有睡
耳聋	聋耳朵 / 臭耳聋
耳背	耳重 / 耳腔重
着凉	风寒 / 寒着
咳嗽	嗽

续表

普通话	方言
流鼻涕	流鼻
中暑	受暑 / 发痧 / 痧着 / 着痧
拉肚子 / 拉稀	泻肚子 / 漏屎
拉尿 / 小便 / 撒尿	屙尿 / 放尿
打摆子	寒热 / 拍腹寒
病轻了	有差
号脉 / 把脉 / 切脉	摸脉 / 候脉 / 打脉
输液	打吊针 / 点滴 / 挂瓶
熬汤药	煎茶 / 煎药
捆起来	缚起来
拴住	缚咧
解开	敨开 / 拍开
撕破	拆破
上去	起去
下去	落来 / 落去
进去	入去 / 底去
回来	转来 / 倒来

12. 形容状态

普通话	方言
难受	狯受 / 唔得过 / 艰苦
肚子饿	腹肚空 / 枵
口渴	口干 / 喙燋
暖和	烧暖 / 烧热
（天）寒冷	寒 / 清

普通话	方言
（水）凉	清
（水）热	烧
干净	清气 / 澈洁 / 清爽
干爽	焦松
肮脏	鏖糟 / 拉渣 / 流疡
光亮	光 / 光窗
黑乎乎	暗摸摸
宽阔	开阔
狭窄	狭塞 / 狭
稀疏	疏 / 疏寊
（山）陡	崎
（灯）亮	光
（天）黑	暗
（墨）黑	乌
（汤）鲜	甜①
（水）浊	浑 / 罗
（茶、酒）浓	厚②
馊 / 酸臭	臭酸
（鱼）腥	臭腥 / 臭鳞
（绑得）紧、（绑得）松	横、絀
（房子）低	下 / 矮

---

① 有些形容词受方言的影响而常被误用。例如："甜"在普通话中指糖的味道，闽方言中"甜"也指汤的味道鲜。

②"厚"在普通话中指扁平物上下两面之间的距离大，闽方言中"厚"可指茶、酒的味道"浓"，还可指蚊子很多、草木茂盛之类。

续表

普通话	方言
（山）高	悬
（菜）老	过（古禾切）
（菜）嫩	幼
（花）香	芳
（人）多	侩 / 秾
（晒得）干	燋
（地上）湿	湫 / 滥
（肉）瘦	瘠 / 赤
（树苗）稀	疏
（粥）稠	洘 / 洞
（粥）稀	漖 / 清
（人）健壮	勇 / 霸
（人）衰弱	览
（石头）硬	橯
热闹	闹热 / 漾
棒	厉害① / 霸（闽东）/ 有势（闽南）
陌生	生分 / 生当
胆怯	怕死 / 无胆
模糊	模 / 雾
悄悄	偷偷 / 静静
懒惰	定虫 / 贫惮
勤快	勤力 / 肯做 / 骨力

① 普通话中，"棒"形容能力强、水平高、成绩好，"厉害"形容难以对付或忍受、剧烈、凶猛等。

普通话	方言
顽皮	调皮 / 跳鬼
傻	戆
直爽 / 爽直	直
忙 / 没空	无闲
空闲 / 有空儿	有闲
漂亮 / 俊	好看 / 齐整 / 水
丑 / 难看	惊人 / 怯视 / 否看
（人）胖	肥①
（猪）肥	肥
（人）坏	呆 / 痞
（天）晚	晏 / 暗 / 迟
（刀）快	利
（味）淡	饕
便宜	平 / 俗
合算	有盘 / 合式
舒服	快活 / 爽 / 爽快 / 畅
（说得）对	着
（说）错（了）	诞 / 唔着
有趣	有味 / 趣味
吝啬 / 小气	咸涩 / 啬鄙 / 栲鬼
贫穷	穷 / 宋凶
富裕	富 / 有钱
多嘴	厚话 / 价话

① 普通话中，"肥"用于动物，"胖"用于人。

有些词语受方言的影响，使用时容易出现失误，要注意辨析。例如：

1．"会"和"能"

（1）表达主体不同：表示某人的一种主观意愿和能力，用"会"；表示在某种客观条件下，有条件做某事，一般用"能"。"不会游泳"和"不能游泳"都可以说，但是"不会"可以理解为某人没有这个能力，"不能"可以理解为客观条件不允许。

（2）意思不同：表示估计的时候，一般用"会"。例如："明天会下雪？这不可能吧！"表示某种原有的能力得到恢复，用"能"。例如："我的腿伤好了，又能踢足球了。"表示事物有某种用途，也用"能"。例如："鸡蛋清能美容。"补语的肯定形式前面可以用"能"，构成"能＋动＋得＋补语"的格式。例如："你能办得到。"

（3）程度不同：表示某人有某种技能，可以用"能"，也可以用"会"，但技能达到一定高度的时候（宾语前有数量），用"能"。例如："她一次能喝十瓶啤酒。"有些句子不能用"会"。例如不能说："这间教室会坐 50 个人。"

2．"懂"和"知道"

普通话的"懂"用在以下两个方面：一是掌握某种语言。例如："我听得懂广东话。""他懂英语。"二是明白了一个观点或是理解了一个概念。例如："什么是'黑洞'？我不懂。"因此，"懂"比"知道"更高一个层次，"懂"是建立在"知道"之上的。"懂"一个道理远比"知道"一件事情难得多。

在使用"知道"的时候不能轻易用"懂"，比如刚接触一个概念，你只是"知道"，只有你对这个概念的内涵完全理解了以后才能说"懂了"。从程度上由浅入深来讲，依次是"知道→了解→理解→明白→懂"。知道是只知道有这么一件事情，只是被动接受，不包含主动的思考。了解是知道这件事情（可能是知道其中的一部分），并有一点自己的主动思考，形成了一点自己的看法。理解是不仅知道其内涵，还完全认可其中的道理。明白是知道得比较透彻。懂是不但完全知道这件事情，也明白其内涵和蕴含在其中的道理，或者表示自己就是这个专业的。

这两个词作否定回答时要特别注意两者的区别。对于问路、时间安排、活动内容、要求等的回答只能是"知道"和"不知道"，不能用"不懂"。

二、福建人不熟悉的普通话口语词和惯用语

南方人都有这样的感觉，看北方题材的电视剧时，很多话听不懂，读一些多用北方口语的小说，也有些读不懂，因为里面有些口语词和惯用语是南方都不说的。这些口语词和惯用语，本来是北方话的方言词，因为官话区"人多势众"，已经进入普通话口语，但是在书面语中未必很常用。对不常出门的中老年人来说，如果到了外地，就会听到许多从前没有听到过、也不知道怎么理解的"大白话"。因为听得少、不熟悉，有的还听不惯。例如："您就别忙活了。""那事儿怕是黄了。""死鞥！""我估摸着……"这些口语词和惯用语，有些不但在书本上见不到，在词典里也很难查到。

以下列举普通话常见的口语词和惯用语，简单注明其意义，方言中的各种说法不再列举。

饶舌：多嘴，唠叨。

绕脖子：办事说话绕弯子。

人尖儿：出类拔萃的人；特别优秀的人。

眼热／眼馋：见到好的东西而希望得到。

眼红：嫉妒。

眼尖：眼力敏锐。

嘴刁：吃东西挑剔。

嘴损：说话伤人。

嘴硬：自知理亏而口头上不肯认错或服输。

口重：吃东西偏咸。

口轻：吃东西偏淡。

豁嘴：唇裂。

犟嘴：顶嘴。

手生：动作不熟练。

耳朵软：没有主见。

耳背：听觉不灵。

闹心：心烦意乱。

脑勺儿：头的后部。

闹肚子：腹泻。

屁股沉：闲聊久坐不走。

七嘴八舌：众口议论。

倒牙：牙受刺激而不舒服。

胳（gé）肢：在别人身上抓挠，使人发痒。

小瞧：小看，轻视。

说白了：直白地说，就实际情况说。

臭美：故意表现，显示自己漂亮或能干。

出彩：露丑（含诙谐意）。

饿饭：饿肚子，挨饿。

犯贱：行为不自重，显得轻贱。

犯困：困倦想睡。

犯急：着急。

犯难：感到为难。

发呆 / 发痴：神情呆滞，或因心思有所专注而对外界事物完全不注意。

发狠：①下决心，不顾一切；②恼怒，动气。

发愣：发呆。

发毛：害怕，惊慌。

发飙（biāo）：施展威风，发脾气。

忙活 / 忙乎：忙碌。

挤对：排挤，欺负。

拾掇（duo）：①整理；②修理；③惩治人。

捣鼓：翻来覆去地摆弄。

垫背：代人受过。

闹腾：吵闹，打闹，折腾。

估摸：估计，料想。

咕哝：小声说话。

叨叨 / 叨唠：反复地说。

地道（"道"轻读）：货物真、人品正。

底细：原委。

地儿：空间。

德行：对人表示鄙视。

大腕儿：名家，好手。

大拿：权威，拿主意的。

大把：多着呢。

大呼隆：一呼而上。

打住：停住。

打量：观察。

打点：①收拾，准备；②送人钱财，请求照顾。

打战：发抖。

打哈哈：开玩笑。

打趣儿：拿别人取笑。

打嘴架：吵架。

打盹儿：打瞌睡。

搭理：理睬。

耷拉：下垂。

粗拉：粗糙。

出落：年青女子的外貌向美好的方面变化。

操持：料理。

发怵（chù）：胆怯，畏缩。

人来疯：指小孩儿在有客人来时撒娇和闹腾。

憋屈：有委屈而感到憋闷。

憋闷：烦闷。

别价 / 别介：表示不同意对方的做法，相当于"别这样"。

扯淡：认为对方的说法是胡说八道，相当于"胡说"。

到了（liǎo）：到最后。

得空：有空闲时间。

得嘞：好的，可以。

得（děi）亏：幸好。

嘚瑟：①因得意而向人显摆；②乱花钱。

嘚嘚 / 嘚啵：絮叨，唠叨。

点拨：指点。

瓷实：结实；扎实。

棒实：壮实。

戳子：图章。

刺儿头：不好对付的人。

编派：夸大或捏造别人的缺点或过失；编造情节来取笑。

傍黑：傍晚。

傍亮：黎明。

日前：几天前。

日后：将来，以后。

日中：正午时分。

一再／一而再：一次又一次。

单打一：只干一件事或只顾及某一方面的事物。

归置：收拾。

劈头：①迎头；②一开头。

平白：无缘无故。

候着：等着。

担待：①谅解；②担当。

泼皮：流氓，无赖。

破绽：指说话或做事时露出的漏洞。

穿帮：露出破绽。

叫板：向对方挑战或挑衅。

任便：听便，随便。

起哄（hòng）：①胡闹；②跟着大家取笑人。

不靠谱：①不可靠；②不近情理。

不对头：感情不投合。

不待见：不满意。

不对劲：①不合适；②不和睦；③不符合常理；④身体不舒服，心情不愉快。

不吭声：不说话。

不落（lào）忍：心里过意不去。

不带 / 不兴：不能。

不点儿：极少。

不济：不好。

不消停：①不安静；②不停止。

不着（zháo）调：指言行不符合常理。

不着（zháo）家：不在家里。

不得安生：无法安静。

不怎么样：平平常常，不是很好。

唠嗑（làokē）：聊天。

淡话：无关紧要的话。

背时：倒霉。

本分：规矩。

巴望：盼望；指望。

瞎掰 / 瞎扯：没有根据地乱说。

赶趟儿：来得及。

不赶趟儿：来不及。

上紧：赶快；加紧。

没辙：没办法。

没门儿：办不到。

留门：家人外出，门不上锁。

二愣子：粗鲁莽撞的人。

二五眼：能力差的人或质量差的东西。

猫腻：指隐秘或暧昧的事情。

馋猫：形容人嘴馋。

蒙（mēng）人：骗人。

念叨：①因惦记或想念而在谈话中提到；②谈论。

外道：礼节过多而显得疏远。

玩儿命：不顾一切，拿命当儿戏。

黏糊：①形容东西黏；②形容人行动缓慢，做事不利索、不干脆。

悬乎：危险；不保险；不牢靠。

磨（mò）叽：①翻来覆去地说；②办事拖拉。

磨（mò）叨：反复地说。

贫嘴：爱多说废话和开玩笑的话。也说成"耍贫嘴"或省略为"贫"。

耍弄／耍：作弄。

欺生：欺负、排挤新来的。

识相／识趣：知趣。

实诚：老实。

托儿：帮助诈骗者诱人上当的人。

邪乎：①厉害；②离奇。

迷糊：①模糊不清；②小睡片刻。

眼拙（zhuō）：客套话，表示没认出对方是谁或记不清跟对方见过面没有。

由头：可作为借口的事。

咋（zǎ）啦：怎么啦。

咋（zǎ）整：怎么办。

攒（zǎn）钱：积蓄钱。

吱（zī）声：作声。

置气：生气。

使绊子／使绊儿：暗中使手段害人。

使坏：出坏点子使人上当。

手痒 / 手痒痒：跃跃欲试，心动。

捅娄子：惹麻烦，惹祸。

下手儿：助手。

打下手：担任助手。

消停：安静，安稳。

消夜：夜间的点心。

兴许：可能，也许。

幸好：幸亏。

熊样儿：呆傻的样子。

寻摸：搜寻。

寻思：考虑，思索。

牙床：牙龈。

哑巴亏：吃亏受损而不能说。

痒痒挠儿：挠痒的工具。

腰板儿：①腰和背；②体格。

腰杆子：①腰部；②可依靠的势力；③说话做事的底气。

咬耳朵：凑近耳边说悄悄话。

拜把子：结拜。

保不齐：说不定。

搭把手：帮个忙。

得了吧：表示不同意对方的说法。

犯不着（zháo）：不值得。

赶明儿：等到明天，泛指以后；将来。

寒碜（hánchen）人：揭人短处，讥笑人。

好家伙：表示惊讶或赞叹。

好着呢：很好。

秋老虎：立秋以后的炎热天气。

糊弄（hùnong）人：吓唬或欺骗别人。

爷儿们：长辈男子和晚辈男子的合称。

哥儿们／哥们儿：弟兄们。

自个儿：自己。

认死理儿：固执，不善变通。

入眼：顺眼。

软蛋：怯弱无能的人。

尿包／尿包蛋：比喻软弱无能。

缩头乌龟：比喻畏缩不前的人。

窝囊废：怯懦无能的人。

撒赖：耍无赖。

撒野：（对人）粗野、放肆；任意妄为，不讲情理。

完事了：事情了结。

我说呢：表示忽然明白了。

有一手：有一套本领。

冤大头：指枉费钱财的人。

男人婆：指举止言谈男性化的女人。

嚼（jiáo）舌头／嚼舌根：信口胡说；搬弄是非。

较真儿：非常认真。

今儿个：今天。

明儿个：明天。

凉白开：放凉了的白开水。

美的你：你以为得到好处了，其实不是。

哪门子：什么，用在反问句中，表示没什么来由。

难不成：难道。

你少来：别来这一套。

说不准：不好说，不一定。

说的是：赞同对方的看法。

摊上了：碰到了（某件不好的事情）。

听岔了：你理解的意思和说话人要表达的意思不一样。

拖后腿：比喻阻挠别人，使事情没法做下去。

乌鸦嘴：指说不吉利话的嘴或人。

瞎掺和（huo）：不该参加的参加进去，反而添麻烦。

瞎忙活（huo）：没有正经事；白干了。

猛不防：突如其来，难以防备。

磨（mò）不开：①面子上过不去；②不好意思。

派不是：指责别人的不是。

攀高枝：跟社会地位比自己高的人交朋友或结成亲戚（多含贬义）。

泡蘑菇：故意纠缠以拖延时间。

现如今：现在。

相（xiāng）中（zhòng）了：看上了。

幺蛾子：鬼点子，坏主意。

糟践人：把人贬得一钱不值。

真不赖：真不错。

真没劲：真没意思，无趣。

立马儿：立刻，马上。

掏心窝子：坦诚相见，说心里话。

一头热：只有一方热心。

一溜烟儿：形容跑得快。

一碗水端平：待人处事公平合理，不偏袒任何一方。

一星半点儿：形容极少的数量。

硬着头皮：勉强而为。

原地踏步：没有任何进展。

指不定：说不定。

爱咋咋地：爱干吗就干吗。

藏着掖（yē）着：吞吞吐吐不想说。

传老婆舌：搬弄是非。

大了去了：大得很。

多新鲜哪：意思是没什么稀罕、新奇的。

翻篇儿了：（事情）已经过去了。

给个准话：给一个确定的答复。

海了去了：多得很。

黑灯瞎火：形容黑暗，没有灯光。

灰头土脸：形容精神颓废、心情沮丧。

可不是嘛：同意对方的意见。

麻溜儿的：快点儿。

你还别说：意思是正如你所说的。

你就吹吧：认为对方在说大话。

你可真成：你可真了不起，有讽刺意味。

你可真逗：认为对方的说法很可笑。

你至于吗：你没必要这样。

皮实着呢：指身体结实或器物很耐用。

七老八十：已经很老了。

七零八落：东西随处散落。

七拼八凑：胡乱拼凑。

平起平坐：地位或权力平等。

尿裤子了：形容胆小受吓的情状。

奇了怪了：非常奇怪。

找不着（zháo）北：①辨不清方向；②忘乎所以。

瞧您说的：对对方赞扬和感谢的回答。

十分了得：非常了不起。

神神道道：言谈举止不正常的状态。

溜须拍马：指谄媚奉承。

什么玩意儿：对人格低下的人的斥责。

说哪儿去了：指出对方说得不对。

小不点儿：①形容很小；②指很小的孩子。

一时半会儿：很短的时间。

谁说不是：就是。

亲力亲为：不依靠别人，亲自做。

我容易吗：我很不容易。

眼力见儿：见机行事的能力。

一惊一乍：精神过于紧张或兴奋。

怎么得了（liǎo）：不得了。

张嘴就来：不必多想就能说出来。

真有你的：①用于褒义，指你真行、真有办法；②用于贬义，指真是乱来。

嘴这么快：这么藏不住话，听到什么马上告诉别人。

见好儿就收：适可而止。

鸡同鸭讲：没共同语言，无法沟通。

旮里旮旯儿：各个角落。

赶紧想辙：赶快想办法。

不管不顾：①不照管；②指人莽撞。

刀子嘴，豆腐心：言辞尖刻而心地善良。

满嘴跑舌头：信口开河。

不可开交：无法摆脱或结束。

八九不离十：几乎接近（实际情况）。

变着法儿的：用各种办法。

不是我说你：不想多批评你，但的确是你错了。

不提这茬了：对一些不愉快的往事就不说它了。

吃了枪药了：形容人突然发脾气，碰到谁都想攻击几句。

大恩不言谢：对自己的恩情太大，自己不能报答，说一个"谢"字感觉太轻了，只好记在心里。

蹬鼻子上脸：相当于"得寸进尺"。

街里街坊的：意思是都是街坊邻居，不要太计较。

低头不见抬头见：关系密切或住处相近的人经常见面，别太计较。

就这么着了：虽然不够完美，但也只能勉强如此了。

你猜怎么着：意思是结果是你想不到的。

我说什么来着：表示我早就告诉过你。

看把你能的：批评对方有了一点功劳就扬扬得意。

拿这说事儿：拿一件事情来挑起话题。

哪儿跟哪儿：双方问答的不是同一件事。

零七八碎的：①零碎杂乱；②零碎杂乱而没有用的东西。

那哪儿成啊：比较委婉地表达"不行"的意思。

瞧你能耐的：对对方爱表现表示不满。

心里堵得慌：因为事情不顺利心里很难受。

有两把刷子：有点本事，有点能耐。

一口吃成胖子：急于求成。

有好果子吃：料你将有苦头尝。

别扯那没用的：不要说已经过去的或不可能做到的事。

甭跟我来这个：你说的这些对我不起作用。

揣（chuāi）着明白装糊涂：心里是明白的，但故意装着糊涂的样子。

我把话搁这儿了：我事先说了，到时候验证我的预言。

怎么说怎么不是：说什么都没用，都是错的。

驴唇不对马嘴：答非所问。

哪壶不开提哪壶：专问人家忌讳的事。

前言不搭后语：思维混乱，说话无条理。

跳进黄河洗不清：无法洗清怀疑。

心口窝里跑下马：胸怀宽广。

横挑鼻子竖挑眼：比喻万般挑剔。

翻手为云覆为雨：比喻言行变化无常或惯于玩弄权术。

被人卖了还帮人数钱：形容傻汉当了冤大头还不知道。

| 第四章 |
福建人学习普通话语法的难点

福建省内的主要方言和普通话不但在语音和词汇方面有很大不同，语法上也有不少差异。由于语音、词汇的差异是显性的，所以一般人对于语音、词汇的差异比较敏感；语法差异比较抽象，是隐性的，不大引人注意，因而有些人常把方言里的特殊语法带进自己所说的普通话，即使普通话较好、文化水平较高的人，也难免如此。

本章把福建人说普通话时常见的语法问题归为三类十三项。有心提高自己普通话水平的人，可以把方言说法和普通话说法的不同多进行对比，以免把普通话说错或说得不太准确。

一、词语的组合

不论是说话还是写文章，都是"遣词造句"的功夫。句子是由词语组合而成的。词语之中，有实有虚，实词有名词、动词、形容词、数词、量词、代词，虚词是实词的黏合剂，把实词的词义按一定的语法关系缀连起来。词语的组合在方言和普通话之间有共同的规律，也有一些差异。

（一）名词的后缀

普通话有些名词后面带有"子""儿""头"之类的附加成分，一般称为后缀。这些成分通常读为轻声，并没有明显的词汇意义，只是一种名词的标志。例如：

帽子	裤子	裙子	帐子	席子	鼻子	痱子
桌子	椅子	箱子	柱子	竹子	珠子	杯子
盘子	瓶子	绳子	条子	塞子	扣子	带子
橘子	桃子	稻子	柚子			

以上这些词在普通话中都要带个"子"尾，而福建的方言则一般都说成单音词。把"帽子、裤子、鼻子、痱子、桌子、箱子……"说成单音词"帽、裤、鼻、痱、桌、箱……"，北方人是听不惯的。闽东一带则会说成重叠的双音词，如"箱箱、柱柱、珠珠、杯杯、盘盘、条条"，如果这样说，外地人可能就听不懂。

有些词在普通话中要加上"儿"或"头""巴"。例如：

皮儿	钩儿	壳儿	票儿	瓢儿	包儿
石头	舌头	骨头	钵头	尾巴	泥巴

这些词如果像福州话那样说成"皮皮、钩钩、瓢瓢、骨骨、钵钵、尾尾……"，也会让外地人无法理解。

大多数闽西客家话在名词后加"哩"作为后缀，"哩"在普通话中一般要改成"子"尾。例如：

帽哩	珠哩	杯哩	塞哩	刷哩	带哩	钻哩
柑哩	桃哩	栗哩	柚哩	盒哩	勺哩	盖哩

闽西客家话有些名词后缀是"子"，并含有"小"的意义，有时是"哩"和"子"连用。例如：

衫子（小儿上衣）　　　　　裤子（小儿裤了）

妹子（小女孩）　　　　　　倈子（小男孩）

扇子（小巧的扇子）　　　簿哩子（小而薄的练习册）

索子（细的绳子）　　　　盘子（小盘子）

盆子（小盆子）　　　　　瓶子（小瓶子）

客家话有些名词的后缀很特别。例如：

鼻公（鼻子）　　　　　　手指公（大拇指）

戆牯（傻子）　　　　　　贼嫲（贼婆）

纸头（裁纸剩余的部分）　灶头（灶）

碗头（大的碗）　　　　　曲弯头（道路转角）

（二）数词和量词、名词的组合

闽方言和闽西客家话把普通话的"一百一、一千一、一万一"说成"百一、千一、万一"，把"一斤半、一斤七两、一百五、一万三"省略为"斤半、斤七、百五、万三"。

在闽东方言中，"一百七十八、一万七千八"还可以说成"百七八、万七八"。但在其他闽方言和客家话中，"百七八"和"万七八"是约数，是"一百七八十"和"一万七八千"的意思。

"几"在普通话中只能问十以下的个位数。例如："小朋友几岁了？"福建方言问多问少都可以用"几"。许多福建人初次到北方，见到老大爷便彬彬有礼地问："您老人家几岁了？"老大爷还以为把他当成小孩儿了，很不高兴。

多位数的概数，在普通话中一般说"十几个、十多个"。在闽方言里，还有别的说法，如"十把个、四十零岁"（闽北），"十宽人、四十宽岁"（闽中），"十外人、千外个"（闽南）。不过，只有初学普通话的中老年人才会把这些不规范的说法带进普通话。

量词是汉语的重要特点，世界上许多语言的量词并不发达。上古汉语量词也用得很少，只说"人一、马二"或"一人、二马"，后来汉语发展出很多量词。各地方言有许多不同的量词。量词和名词的搭配，在福建方言和普通话之间有很多的不同。不掌握这些差别，也会造成交际的困难。

拿动物说，普通话中猪、牛、老虎论"头"，马论"匹"，鸡、鸭、鹅、蚂蚁、苍蝇、蚊子论"只"，而闽东、闽北都说"头"，闽西客家话都说"只"，厦门话也说"只"。

只要是圆形的东西，小的如沙子、米、牙齿、蛋、葡萄、苹果、西瓜，大的如地球，闽东、闽南都可以以"粒"来计算，闽北说"只"。闽西客家话把小颗粒称为"粒"，如"一粒沙子""一粒米""一粒葡萄"，较大的个体都称"个"，如"一个牙齿""一个西瓜""一个苹果"。普通话则多论"个"。

一棵树，闽南、闽北说"一<u>丛</u>"。一根甘蔗，闽东说"一杖"。一首歌，福州说"一题"，厦门说"一块"，闽西客家话说"一只"。裤子，闽北论"腰"，闽南说"领"。一座房子、一张桌子、一块饼，厦门都说"块"。福州房子论"落"，桌子论"张"，饼论"楞"。闽西客家话房子论"栋"或"只"，桌子、凳子论"张"，长凳则论"条"。闽西客家话还说"一张刀""一行鱼"。真是五花八门。

再列举一些许多福建人不知道或很少用的普通话常用量词与名词的组合。

有些普通话常用量词可以用于多个名词。例如：

一场：雨、雪、水灾、梦、比赛、演出、考试

一道：彩虹、闪电、墙、堤坝、题目、命令、伤疤

一片：树叶、蓝天、森林、草地、瓦、木板

一把：刷子、椅子、扇子、锤子、手电筒、手枪、二胡

一口：井、猪、箱子、锅、水缸、棺材

一台：冰箱、电话、电脑、车床、戏、钢琴

一门：学问、功课、亲戚、大炮、技术

一根：草、棍子、针、弦、头发、竹竿、火柴

一面：镜子、旗、锣

有些名词也可以和多个量词组合。例如：

书：本、部、卷、套、册

心：颗、个、条、片

雨：滴、场、阵

云：朵、片、块

房子：座、所、栋、幢

眼泪：滴、串、把、行

香烟：支、根、包、条、箱

饭：碗、顿、餐、份、盒

线：条、根、股、团

草：棵、株、根、丛、堆

画：幅、张、轴、套

量词是中古汉语发展起来的，各地按照自己的习惯搭配。说普通话要用准量词，必须一个个学，长期积累，如果一时吃不准，可以先用"个"，那是普通话的通用量词。

数量词和名词的组合顺序，福建人说普通话时往往比较灵活。例如：

茶一杯放在书桌上。/一杯茶放在书桌上。

药丸一粒要记得吃。/一粒药丸得记住吃。

普通话一般都用"数量名"的结构来表达，只有在开单列举时，才用"肉一斤、油一瓶、菜两把"这种倒装式。

闽方言的量词还可以和常用的形容词"大、小"组成双音的形容词，不少福建人把这种说法套入普通话，如说房子很"大座"，毛笔

分"大支、小支",花生有"大粒、细粒",画有"大张、细张"。闽西客家话把人的体量用"大只、细只"来表示,可能是受闽方言的影响。普通话不能说笔很"大支",画很"小张",同样的意思,只能说"很大的一支""很小的一张"。

关于数词和量词的用法,一般的小学语文教育只教普通话的说法,很少联系方言的差异,说惯方言的人如果不留意改正,有时到七老八十还说错。

(三)动词的连带成分

汉语的动词数量大,类别多,又是句子的中心,和句中各种成分的组合方式也很多样。福建方言在动词的用法上和普通话也有许多不同,福建人说普通话在这方面出现的问题也不少,有的一旦形成了习惯还很难改正。

1. 有、没有

这两个常用词在福建方言中用得广,用法也多,不少人会把方言的说法带进普通话,造成表达上的不规范。例如:

他有说不来。(他说过不来。/他说了不来。)

我有看见他来了。(我看见他来了。)

明天你有来,就在我家吃饭。(明天你来了就在我家吃饭。)

这种布有洗,那种布没有洗。(这种布经洗,那种布不经洗。)

你和他有比,我和他没有比。(你和他有得比,我和他没得比。)

他昨天有说要来。(他昨天说过要来。)

有去参加旅游的来登记。(要去参加旅游的来登记。)

方言说法动词前面的"有"表示对动作的肯定,在普通话中都应该删去。普通话动词前是不能加上"有"的,要加只能是对举的说法,如"有说有笑、有来有往、有去无回"。

形容词前面加"有""没有"，也是方言说法中经常听到的。例如：

这种花有香，那种花没有香。（这种花香，那种花不香。）

他的脸有红，你的脸没有红。（他的脸红，你的脸不红。）

我的脸有红没有红？（我的脸红不红？）

对比的时候才能说"有香有臭、有红有白"。否定式通常说"不香不臭、不红不白"。

近些年来，也许是受南方方言的影响，普通话也可以说"街上有售"了，但这种句式还很有限，不能任意推广。闽方言还可以把"无"（换成普通话就说成"没有"）放在动词后面说，甚至还可以带上宾语。这种并非和"有"对比连用的"没有"，往往使外地人弄不明白，有时难免造成误会。例如：

才十点钟，鱼就卖没有了。（才十点钟，鱼就卖完了。）

来晚了，我买没有票。（来晚了，我买不到票。／来晚了，我没买到票。）

今天不热，没有流什么汗。（今天不热，不怎么流汗。／今天不热，没流多少汗。）

离得远，我看有听没有。（离得远，看得到人，听不到声音。）

"你说的我听没有"，可能是说话人离得太远听不清，可能是对方说不同的语言故而听不懂，也可能是对方说得太深奥故而听不懂，总之，"听没有"是听不见、听不清或听不懂。这些都是闽南人的说法，本地人是可以相互理解的，外地人就听不明白了。闽西客家人说"菜有咸""菜没有咸"则是菜够咸、菜不够咸的意思。

2. 不懂、不会、不能、不敢、不怕

这些动词在普通话中的意义有明确分工，"懂"是知道、了解，

"会"是理解、熟悉、懂得,"能"是能够、可以,"敢"是有勇气,"怕"是胆小、害怕。方言里的这些动词,意义和普通话不完全相同,如果加上否定词,差别就更大了。

"你查问的这个人我不懂",普通话应该说"你问的这个人,我不认识"或"你问的这个人,我不知道"。

"他来了?我不懂。"这是闽东的说法。闽西客家人则说:"他来了?我不晓得。"普通话应该说:"他来了?我不知道。"

"街上人多,不敢乱跑。"这是闽北和闽西的说法。普通话应该说:"街上人多,不能乱跑。"

"占别人的便宜是不会做的。""他刚上学,写的字不会看的。"这是闽南的说法。普通话应该说:"占别人便宜的事情不能干。""他刚上学,写的字不好看。"这种情况闽西人用"不敢",如:"占别人便宜的事不敢做。""他写的字不敢看。"有时也用"不成",如:"他写的字看不成。"

闽西客家话还有"唔要怕"的说法,表示没关系、不要紧。例如:"就在这儿吃午饭,唔要怕。""东西用坏嘞,唔要怕,跟我说一声就做得。"这种说法也会让外地人听不明白。

3. 去

闽方言把"去"放在动词之后,表示事态的某种不理想的后果,如"房子倒去了","书给人偷去了"。有些人说普通话时把"去"改说成"掉",勉强也行。其实省了"去"更好,就说"房子倒了","书给人偷了"。

闽西客家人把表示不理想后果或动作完成的"去"说成"撒",如"墙头砍撒嘞(墙倒了)","花开撒嘞(花开过了)"。"偷去""拿去"仍用"去"或"走",如"偷走嘞""拿走嘞(拿去嘞)"。

福建人说普通话时，会把动词后面的"去"套用到普通话中。例如：

炉火暗去了。（炉火灭了。）

没几天就晒黑去了。（没几天就晒黑了。）

这一张写坏去了。（这一张写坏了。）

他酒喝醉去了。（他喝酒喝醉了。）

布鞋穿破去好几年了。（布鞋穿破了好几年了。）

普通话水平稍高的人则把"去"翻译成"掉"，说成"灭掉""写坏掉""醉掉""穿破掉"。说"去"外地人听了很难理解，说"掉"外地人听着也觉得不顺。

这个"去"在闽方言中其实是表示一种结果，有时并非不理想、不令人满意的结果也可以说"去"，如"手上的伤好去了"，"地上的水干去了"。不过，更多的是用在不如意的时候。这大概和古汉语的说法相近，古诗里不是有"无可奈何花落去，似曾相识燕归来"吗？

"去"放在动词之后，表示动作的趋向，如"上去、下去、进去、出去、过去"，这是方言和普通话一致的表达方法，这种说法不必更改。

4. 来去

闽南和闽西常把"来去"放在动词前面，表示尚未实现的意愿。"咱们下午来去拜访老师"，"你跟我来去看看"，"晚上来去看电影"，说的是将去未去时的一种想法或邀请。外地人乍一听还真是弄不清是要来还是要去。这类句子只要把"来"删去，留下"去"，放在动词前面后面都可以，整句话的意思反倒就明白了。

5. 罔

有个用在动词之前的"罔"（读音同"莽"），表示"随便、不经意"

的意思，在闽方言地区用得很广，许多人也常常套用到普通话中。例如："有空罔来我家玩"，"罔"可换成"就"，或者删去。"没经过训练，这个动作我罔做看看"，这里的"罔"可以说成"试着"。"你不要太在意，我罔说说"，意思是"你不要太在意，我随便说说"。"不必太认真了，罔去"，这个"罔去"是个固定的组合，经常可以听到，大体的意思是"随便"。

在福建方言里，两个"罔"还经常连着说，也是读成"莽"，成了另外一个意思的关联词。例如：

罔走罔远。（越走越远。）

罔走罔去。（扬长而去。）

罔说罔有味。（越说越有趣。）

这孩子变得罔来罔好看了。（这孩子变得越来越漂亮了。）

6. 比较不香

不少福建人，尤其是闽南人，说普通话时常常会说"这种花比较不香"，"他做的菜比较不咸"。在普通话中，"比较"之后不能加"不"，以上的话要说成"这种花不怎么香"或"这种花不大香"，"他做的菜比较淡"。

普通话的"比较"常用作动词，如说"经过比较见高低"；也用作介词，如说"比较去年有了进步"。用作副词时，只能肯定，不能用于否定，如说"比较好"，不能说"比较不好"。

语法并非推论出来的规律，而是习惯形成的规则。有些说"比较不香"的人觉得自己说得很有道理，即使有人提醒他普通话不能这么说，他还振振有词地说，为什么只能说"比较香"而不能说"比较不香"。由于不觉得自己的语言习惯有什么不妥，所以就很难改正过来。

7. 一下

普通话表示动作进行的短暂，常常用重叠式，如说"看看、想想、说说、走走"，"商量商量、修理修理、讨论讨论、参观参观"。若是单音动词，可以插入"一"，如说"看一看、想一想、说一说、走一走"。

这种格式在福建方言里一般都不用，因此福建人说普通话时就套用了方言中的"一下"，说成"看一下、想一下、说一下、走一下、商量一下、修理一下、讨论一下、参观一下"。外地人听了，不会觉得不通，但总是觉得不顺。

8. 添、得

客家话的"添"用作副词，相当于普通话的"再"，但不放在动词前面，而是跟在动词后边，表示动作行为的重复，例如热情地劝客人"多吃点"，说成"吃一点添"，"再玩一会儿"说成"嬲一套子添"。这种方言句式，文化不高的人往往会套用到普通话里。客家话的这种说法和粤方言是一致的，广州话也有"食一碗添"（再吃一碗）的说法。

闽西客家话的"得"用得十分广泛，用法既有与普通话相同或相似的，也有与普通话相异的。不管相同相异，一概套用方言说法，是说不好普通话的原因之一。

（1）用作动词，意为"获得""得到"（与普通话相同）。

细妹子得人惜。（小妹招人喜欢。）

（2）用作助动词，表示"可以""能够"。

洗衣机整好了，用得嘞。（洗衣机修好了，可以用了。）

这笔生意做得。（这笔生意可以做。）

（3）用作形容词，相当于"不错""可以"。

他写的字还得。（他写的字还可以。）

（4）用作介词，相当于"让""给""被"，含有使令或被动意义。

头发得雨渌湿嘞。（头发被雨淋湿了。）

有人把汉语语法叫作语义语法，意思是意义比形式更重要，有时语序是很灵活的。限定程度副词"很"，在普通话中既可以用在谓语之前（如"很好"），也可以用在谓语之后（如"好得很"）。

二、句中词语顺序的安排

汉语的语法有一定的规律，但是为了语用的需要，各种规律都有一定的灵活性。相对而言，汉语句子中词语的顺序是比较灵活的。"你怎么了？"必要时也可以说："怎么了你？""新农村建设需要你"说成"建设新农村需要你"，并没有意义上的明显差别。所谓"主语在前，谓语在后""谓语在前，宾语在后"，也不是不可改变的。

有些句子同时存在几种顺序，而普通话和方言习惯用的顺序不同。以下试举福建方言和普通话在词语顺序上的某些明显差异，分类做些介绍。普通话不太熟练的人可以参考，防止把顺序不妥的说法带进普通话而造成不必要的误会。

（一）宾语提前

闽方言有不少把宾语提到谓语之前的说法。这类说法中，有些在普通话中是不通顺的。例如：

"风太大了，门关上！"（更土的说法是"门关去"）普通话一般都说："风太大了，关上门！"如果要把宾语提前，就要加个"把"，说成："风太大了，把门关上！"

"他哥哥房了卖掉了。"普通话应该说："他哥哥卖了房子了。"或者说："他哥哥把房子卖了。"

"大叔，饭吃了没有？"普通话一般都说："吃饭了吗？"在闽方言中，更多的说法是："饭食未？"所以说普通话时折合成："饭吃了没？"闽西客家人说："曾食？""曾唔曾食？"这是副词与动词的组合。

"肉不吃，汤把它喝了。"普通话应该说："肉不吃，就把汤喝了。"

如果说，这样把宾语提前，还勉强可以理解的话，下面的说法就不可理解了：

"羊把它拴在树上，免得去啃庄稼。"本意是要把羊拴在树上，字面上成了羊把谁拴在树上了。

"天快黑了，饭吃了再走吧。"普通话一般都说："天快黑了，吃了饭再走吧。"也说："天快黑了，把饭吃了再走。"但在闽方言中，更常用的是宾语提前的说法。

福建人说普通话时常常把宾语提到动词之前：

茶喝一杯，报纸翻翻，半天就过去了。（喝杯茶，翻翻报纸，半天就过去了。）

我鞋穿一下就来。（我穿个鞋就来。）

笔一拿起来头就疼。（一拿起笔来头就疼。）

钱给你，干不干？（给你钱，干不干？）

钱带一点路上用。（带点钱路上使。）

烟拿一支来抽！（拿支烟来抽！/来支烟抽！）

大布袋拿两个来装才够。（拿两个大口袋来装才够。）

毛线衣织一条得一个星期。（打一件毛衣得一个星期。）

椅子拿一把给我坐。（拿把椅子给我坐。）

车票要记得带。（要记得带上车票。）

最近山上树种了很多。（最近山上种了很多树。）

我一句话问你。（我问你一句话。/我有一句话要问你。）

来不来吃饭，你要电话打一个告诉我。（来不来吃饭，你得打个电话告诉我。）

这一类宾语提前的说法，在普通话中也不是绝对不说，一般不容易造成误解，但是总让人觉得不太顺耳，还是需要留意的。

（二）"把"和"被"的纠缠

普通话的"把字句"和"被字句"在汉语史上是后起的句型，闽方言还没有跟上这个步伐。初学普通话的人，往往掌握不好这些句型，说起来含含糊糊，有时也会让别人误解。

"小鸡老鹰叼走了。"说的是小鸡被老鹰叼走了。这句话在普通话中，即使不用"被"，也得用"给"。闽西客家话用"得"，闽方言用"乞"或"护"，一般也翻译成"给"。不用介词，在闽方言里是常态，意义也很明确，这种语法格式很能表现汉语语义语法的特色。

在普通话中常常说成"把字句"的，福建人一般不用"把"。为了强调"敬请"或特别的"处置"之义，可以和古汉语一样用"将"。例如："将老乡长请出来调解。"对于一般的"把字句"，福建人说普通话时通常都说成"提宾句"，但并不用"把"。例如：

你房子卖了？（你把房子卖了？）

你房子卖给谁了？（你把房子卖给谁了？）

有时也变换成其他句型，例如：

钱一定要讨回来。（一定要把钱讨回来。）

衣服都拿去洗。（把衣服都洗了。）

事情总要做完才走。（总要把事情做完才走。）

以下也是福建人说普通话时经常能听到的说法："你钱赔了就没事。"换成普通话的说法，这也应该是"把字句"，说成："你把钱赔了，就没事。"

福建人说普通话时，如果一定要用介词，就用"将"（客家人说

"拿"），但是在闽方言中，更自然的说法是宾语提前并且不用介词。"师傅他请来了。"换成普通话的说法，要么说"师傅被他请来了"，要么说"他把师傅请来了"。方言的说法本来就是都不用介词的。

"那本书给人借走了。"这里的"给"是"被"的意思。有时又说："客人一定要给他请来。"这里的"给"却是"把"的意思。按照方言本来的说法，就说"那本书别人借走了"，"客人一定要请来"，什么介词也不用，意义反倒很清楚。有时候，普通话还没学到家，该用的虚词没有掌握好，又想套用普通话的句式，同一个"给"，既用于"把字句"，又用于"被字句"，难免就把意思搞混了。

（三）补语和宾语的位置

动词后面同时带有补语和宾语时，普通话的习惯是补语在前，宾语在后。例如：

我说得过他，打不过他。

他看得起你，看不起我。

我比不上他。

闽方言更习惯于宾语在前，补语在后，说普通话时也说"我说他会赢，打他不会赢"，"他看你会起，看我不起"。如果宾语在后就得变为另一种句式，说成"我会说赢他，不会打赢他"，"他会看得起你，不会看得起我"。这些说法，外地人听起来总觉得有点怪。闽西客家人说普通话时会把"我对不起他"说成"我对他不起"，听起来也不太顺。

（四）状语的位置

普通话和许多北方方言有几种意思相近的说法："他到哪儿去了？""他哪儿去了？""他去哪了？"这些问句可能是问为什么他不在这儿，也可能重点在问他去了什么地方。如果是叙述句，还有更多的说法："他到北京旅游了。""他到北京去旅游了。""他去北京旅游了。""他去北京旅游去了。"其中的"哪儿"和"北京",或是作为宾语,或是位于状语中,根据表达的需要变换句式,使句式多样化。不少南方方言,多有把地点用作宾语的说法,没有或少有其他说法。福建人说普通话,通常都只说"去北京",一般不说"到北京去"。

对于一部分普通话中通常位于动词前的状语,福建人说普通话时会将其挪到动词的后面用作补语。例如:

"路上车多,走路要走旁边。"(有时还省略说"走边")普通话通常就简单地说"靠边走","靠边"用作状语。

"两个馒头他吃不够。"普通话应该说:"两个馒头他不够吃。"如果说成"吃不够",便是吃了还想吃,说明不是量太少,而是食欲太好,意思就变了。

"你认得路,你走前面,我跟后面。"普通话应该说:"你认得路,你前面走,我在后面跟着。"

"我耳朵不好,请你说大声一点。"普通话应该说成"我耳背,请你大点儿声说"或是"我耳背,请你大声点儿说"。如果一定要当补语,就得说"请你说得大声点儿"。

"一天到晚洗不停。"普通话通常说"一天到晚不停地洗"或者"一天到晚洗个不停"。

(五)否定词的位置

普通话的"没看见"和"看不见","没吃饱"和"吃不饱","没看上"和"看不上","没想通"和"想不通","没说清楚"和"说不清楚",这两种否定式所表达的内容有明显的差异:"没"表示的是实际的客观效果,"不"说明的是主观方面的能力差或其他原因。

这类句子中的"没"闽方言说"无","不"闽方言说"不会"的合音，写成"獪"，声母相同，韵母不同，有时就分辨不清，造成了意思的含混。例如：明明是眼睛瞎了，"看不见"，却说成"没看见"（闽南），"獪觑得见"（闽北）；本来就饭煮得不够，使客人"吃不饱"，却说成"没吃饱"（闽南），"獪食得饱"（闽北）；你让我请他吃饭，我请了，他不来，用普通话应该说"我请不来"，福建人却说"我不会请得来"。可见，遇到这类句子是需要想清楚再说的，免得引起误解。

"他还讲没完，让他讲下去。"普通话应该说："他还没讲完，让他说完。"在普通话中，"没说完"是该说的话还没说完；"说没完""说个没完"是不该说那么多还在说。这种地方如果说不清楚，也会造成误会。

"衣服晒没干，不能穿。""饭还煮没熟，等等再吃。"这类否定词放在动词和补语之间的格式是福建人说普通话时常见的说法。普通话应该说："衣服没晒干不能穿。""饭还没煮熟，等等再吃。"

"雨不停，不要走。"普通话应该说："雨不停地下，别走。""雨下个不停，别走。"

"你会骗得过他，不会骗得过我。"普通话应该说："你骗得过他，骗不过我。"

"你会比得上他，我不会比得上他。"普通话应该说："你比得上他，我比不上他。"

"半天不会下一盘棋。"普通话应该说："半天下不了一盘棋。"

"我吃饱了，不会吃得下了。"普通话应该说："我吃饱了，吃不下了。"

（六）双宾语的句式

"他送我一本书"这一类句子叫作双宾句。普通话的习惯是称人的宾语在前，叫近宾；指物的宾语在后，叫远宾。福建人说普通话时，近宾和远宾可以随意变换位置，例如："他给我一百块。""他一百块给我。"近宾和远宾换位，语序灵活。

还有些双宾句，福建人说普通话时可以变换成好几种句子，意思并无不同。例如：

他送我一本书。（与普通话相同）

他一本书送我。（近宾和远宾对调）

他拿一本书送我。（双谓语）

他书拿一本送我。（双谓语加提宾）

这么多种说法，好像是多余的，其实是对事件做了很具体的说明。如果只有一种说法，有时就不能把事件说清楚。

（七）存现句的说法

普通话的存现句曾经有过不少争论。可能这种句型也是后起的，在福建省内诸方言中还没有形成，所以难得听到福建人说普通话时有这种说法。例如：

主席团坐在台上。/ 主席团在台上坐。/ 台上有主席团坐唎。（台上坐着主席团。）

门口有几个人站住。/ 几个人站在门口。/ 门口几个人站唎。（门口站着几个人。）

一个钟挂在墙上。/ 墙上有挂一个钟。/ 墙上有一个钟挂唎。（墙上挂着一口钟。）

可见，表示存现、持续的助词"着"在福建方言中还没有形成，但是同样的意思可以用好几种句型来表达。

（八）"你告诉他"的说法

在古汉语中，"告诉"是"诉讼"的意思，用来表示"告知，使人知道"也是北方话后起的说法，许多南方方言没有"告诉"这个词，可能就是这个原因。"你告诉他"这句话，在一些南方方言中，就采取了另外的句式。闽方言区的人说普通话时常会说成"你跟他讲"或是"你给他讲"（闽方言的说法其实是用介词"共"，"共"就是"同"，相当于北方话的"你同他说"）。一些闽西客家人和闽北人则会把方言的动词"话"翻译成"说"或"讲"，说成"你讲他知"。

三、疑问句的表达

（一）"有—无"疑问句

闽方言中最常用的疑问句是"有—无"疑问句，虽然普通话也有此类疑问句，但是因为方言的"有—无"疑问句用得广，有些福建人就把"有—无"疑问句全部搬进普通话，这就会使外地人费解，甚至造成误解。例如：

你妈有在家没有？（你妈在家吗？／你妈在不在家？）

晚上有去看表演没有？（晚上去看表演吗？／晚上去不去看表演？）

这种花有香没有？（这种花香不香？／这种花香吗？）

这本小说有好看没有？（这本小说好看吗？／这本小说是不是好看？）

寒假有想回家没有？（寒假想回家吗？／寒假想不想回家？）

到那里有一百里没有？（到那儿有一百里吗？／到那儿有没有一百里？）

我的手机你有看见没有？（我的手机你看见了没有？／我的手机你有没有看见？）

小孩子有长高没有？（小孩子长高了吗？／小孩子是不是长高了？）

如果谓语是形容词，例如"这种花有香没有""这本小说有好看没有"，福建人说普通话时还可改为反复问句，使用"会不会"的句式，说成"会不会香、会香不会"和"会不会好看、会好看不会"。其他例句则可以变式为"有没有"的反复问句，例如"有没有在家""有没有想回家""有没有看见"。

在闽北，这类反复问句更加啰唆，会说成：

你喝茶喝不喝？（你喝不喝茶？／你喝茶不？／你喝茶吗？）

你吃糖不吃？（你吃不吃糖？／你吃糖不？／你吃糖吗？）

其实，普通话最常用、最简便的还是句末用"吗"的疑问句，而福建人说普通话时，这种"吗"问句是很难听到的。

普通话这类带"吗"的疑问句，也可以用句末带个"不"的疑问方式来说，但福建人说普通话时也很少用这种说法，一般都用句末的"没有"来代替，或者还是用反复疑问句的句式。例如：

这个事情他知道没有？（这个事他知道不？）

他平时抽烟没有？（他平时抽烟不？）

这本书你有想看没有？（这本书你想看不？）

明天的比赛你要不要去？（明天的比赛你去不？）

福建人说普通话时用的这个"没有"是从方言里的"无"折合成的，其实和唐诗里的"画眉深浅入时无"（朱庆余），"寒梅著花未"（王维）是相同的句式。这不但说明闽方言和中古汉语有密切关系，还可以证明普通话的"吗"也是从中古汉语的"无"演变而来的。

可见，福建方言和普通话都来源于古代汉语，并且存在对应关系。但是，普通话作为民族共同语，有更多的人使用，有许多名家对其加工提炼，自然是更加规范和精美的。相对而言，福建方言的疑问句就不如普通话那么丰富多样，加上疑问句的语调不像普通话那样上扬，而是和叙述句同样的平调、降调，所以听起来平淡而单调，表现力不强。要提高普通话水平，这方面也得努力学习。

（二）带"呢"的疑问句

普通话的疑问句大体上可以归纳为"吗"问句和"呢"问句两大类。

上文说的"吗"问句，回答时总是"是"或"不是"，"要"或"不要"，"行"或"不行"，"有"或"没有"，总之，也就是"是"或"非"，因此叫作是非问句。福建人说普通话时是把方言的"无"翻译成"没有"来代替"吗"，或者变换成反复问句。

用"呢"来表示疑问的疑问句，里边总是有个疑问代词的，只要有了它，就可以不用疑问语气词"呢"了。例如：

这里面装的是什么？

他是哪一天出发的？

信是写给谁的？

总共是多少斤？

你的孩子几岁了？

他的病怎样了？

你想在这里住多久？

他们是要到哪里去？

这些问句在普通话里全都可以在句末加上疑问语气词"呢"，而福建人说普通话通常都不加"呢"。当然，句中的疑问词是不能少的。

看来，福建人要想提高普通话的水平，问话时可以多用些带"吗"和"呢"的疑问句，这是可以提高表现力的。

第五章
阅读和说话训练

一、阅读和说话是学习普通话必要的功课

　　普通话是现代汉民族的共同语，也是我国的国家通用语言；记录汉语的汉字不但保存了数千年的中国文化典籍，以其优美的形态、深邃的意蕴和丰富的库存而著称于世界，而且至今还记录着现代汉语。使用汉语和汉字的华人占全世界人口的四分之一，随着中国国际地位的提高，汉语与汉字也早已成了联合国所承认的国际通行的语言文字之一，越来越多的外国人在努力学习汉语。

　　现代汉语是从古代汉语发展而来的。由于记录汉语的汉字是以表意为主的文字，在数千年的运用中，二者相互适应，和谐发展，古今汉语和南北方言都能得以沟通，普通话由此获得了广泛的资源，成为词汇丰富多样、语法规范而灵活的现代汉民族共同语和国家通用语言。学会普通话不但可以和各个方言区的人以及海外华人自由通话，还可以通过对古往今来的汉语文献的阅读，了解国家与民族的历史，吸取意蕴丰富的文化精华。

　　阅读是学习和应用书面语的活动，书面语突破了时间和空间的限

制，能够使你在广阔的空间和久远的时间里驰骋，从中得到知识的积累、能力的锻炼和艺术的熏陶。例如巴金的《繁星》一文，短短几百字，写了小时候在家乡纳凉时在庭院看星空，长大后再看到的星空，以及后来在海上见到的星空，描写细致，比喻生动，能够使人得到艺术启发。

说话则是口语交际的行为，是现实的社会生活中一项必需的生存技能。与家人、朋友相处要互相沟通，在学习、工作中要和别人交流，生活中常常要和认识或不认识的人打交道。言语的交往是维持良好的人际关系、保证生活舒适和工作顺畅的重要条件。在当今社会，传媒与网络无处不在，人流的涌动时刻不停，即使你生活在本地，也要和许多和你说着不同方言的人交往，不论是交际的对象、交谈的内容，还是交往的目的、表达的方法，和旧时孤立、单调的乡土社会生活相比，都已经发生了巨大的变化。如果普通话不过关，不要说走出乡里会寸步难行，就是平日的家居生活也很难应付自如，海量的书面语料和网络信息也不能为你所用。

可见，阅读和说话在现代社会极其重要，如果不能掌握普通话，你就很难适应当前社会，跟上时代的步伐；而要想学会普通话，提高普通话水平，也必须从这两个方面下功夫。

二、在阅读中掌握普通话

前文已经说过，福建省内的方言和普通话在语音、词汇和语法等方面都有不小的差异。怎样去了解这些差异呢？各人的方言不同，普通话掌握程度的深浅有异，说到头来还得靠自己在阅读的过程中多加琢磨。在阅读现代作品的时候，多留意哪些词语和句型是你熟悉的方言里没有的，你在以前的阅读中也不曾了解的。这里举一段描写雪景的文字：

　　雪纷纷扬扬，下得很大。开始还伴着一阵儿小雨，不久就只见大片大片的雪花，从彤云密布的天空中飘落下来。地面上一会儿就白了。冬天的山村，到了夜里就万籁俱寂，只听得雪花簌簌地不断往下落，树木的枯枝被雪压断了，偶尔咯吱一声响。（峻青《第一场雪》）

　　简短的一段话，一百来个字，除了两个四字格的带有文言色彩的成语之外，都是北方话常用的儿化词、拟声词、虚词、重叠式等，有些句式也是福建的方言不说的。只要稍加琢磨，就不难看到普通话和方言的许多不同的词汇和语法现象。可见，如果能多阅读普通话的语料，拿它和自己熟悉的方言或地方普通话做对比，就能发现许多自己不熟悉的用词和造句方法。

　　汉语是用汉字来记录的，汉字以表意为主，表音能力很差，却利于古今南北之间的沟通。文人学士用汉字造出许多书面词语，平民百姓则用口语随时创造新词，这就形成了书面语和口头语之间的重大词汇差别。"有朋自远方来，不亦乐乎"，"三人行，必有我师焉"，这都是约三千年前的口语，后来成了文言书面语，如果换成现代口语说出来，大家都知道有多么大的差异。为了学好普通话，应该多阅读现代的口语作品。现代的口语之作，从诗歌、小说到报刊的时文，可以说是应接不暇了，考虑到阅读的时间有限，可以选择少量有定评的名篇来读。与其多而杂，不如少而精，便于琢磨，收获更大。阅读过程中，一定要拿作品语言和自己平日里的表达方式（地方普通话）做比较，多想想，这句话让我来说，会使用哪些词语，造出什么样的句子，另外还可以把读得不大明白的词句记下来，查查词典。如果能形成这样的阅读习惯，就一定能够通过阅读迅速地提高自己的普通话水平。

　　也正因为汉语是用汉字来记录的，所以古代汉语和现代汉语之间就没有不可逾越的鸿沟。据说，英国的青年人已经读不懂400多年前莎士比亚写的剧本了，而我国的小学生却大体可以读通《水浒传》《红楼梦》，能够欣赏"白日依山尽，黄河入海流，欲穷千里目，更上一层楼"这样的千年以前的诗句，乃至应用古语来给不相识的朋友写信，表达"海内存知己，天涯若比邻"的殷切之情。这就是世界上独一无二的汉语和汉字共同锻造和传承的中华文化。进入网络时代以后，如今的读物，不但有无穷无尽的书报杂志，还有各种有声语料和声情并茂的影像，多媒体的语料资源可谓取之不尽、用之不竭。有志于学习好普通话的人，如果能利用闲暇来进行这些立体的阅读，不但可以充实生活内容，获得多方面的愉悦，而且只要有明确的学习意识，形成良好的阅读习惯，方法得当，兴趣浓烈，就一定能够快速地提高普通话水平。

读惯了汉字文本的人，形成了"目治"的阅读习惯，但要学好普通话，对于一些名篇，最好能高声朗读。如上文所述，南方方言和普通话在语音方面是差异很大的，普通话已形成了一整套语音表达手段，看电视、听广播只是欣赏别人的表演，只有朗读才能检验自己的普通话语音，在实践中逐渐改正错误，提高水平。

学习普通话的语音，对于南方人来说是非常重要的，尤其是福建地区，初学普通话的人常常因为语音不准而使外地人听不懂，更要花点功夫。这里可以提醒一点，汉字数量很多，在3500个常用字中，福建人经常读不准的字，如普通话读翘舌音的字、读f声母的字、读后鼻音的字，在一半以上。但是，常用字和不常用的字比例悬殊，据《现代汉语频率词典》，最常用的500个字，就能构成26106个词，能覆盖海量文本字数的79.76%（507个常用字则可覆盖80%）。其中最常用的68个字每个可构词100个以上，有156个字每个可构词50个以上。可见，学好几百个最常用的字的读音，就能解决很大的问题，这是学习普通话语音的重要秘诀。

三、多听多说是学习普通话的必由之路

如果说阅读是在广阔的时空中驰骋，在和中外古今不相识的人亲密接触的话，说话则是现实生活中有限的即时交际。前者广阔、宽泛，有纵深理解研究的余地；后者相对狭窄、实际，只是即兴的应对。前者是学习普通话的不断积累，后者是应用普通话的实践锻炼。没有阅读的积累就会因源泉短缺而难以发展，没有实践的锻炼也难以不断地充实、调整和提高。

说话是双向的，包括听和说两个方面。听在日常生活中是很重要的。有人做过抽样调查，在人们的日常交际中，"听"占45%，"说"占30%，"读"占16%，"写"占9%。当然这个比例是因人而异的，但听所占的比例最大，是可信的。对说话来说，听也是重要的，因为听是获得信息的主要渠道，也是学习语言的重要机会。听到的话，来自不同的人，内容复杂多样，水平参差不齐，多听可以帮助我们扩充知识，弥补不足，拥有更多学习语言的机会。但是，听是被动的，对方音量不大或方音太重就会听不清；表达拖沓，掩盖真相，条理混乱，听起来就费力、让人失去兴趣。要达到有效倾听，还应该能适应不同的口音，并且有去伪存真、去粗存精、提取有用信息的能力。在交谈的过程中，为了获取真实信息，还要具备提问、核实的技巧。

经典的名篇中有不少名家的演讲词，很值得拿来高声朗读，好好体会作者的思想感情和言语表达的气势。这里举一段闻一多先生最后一次的演讲词（1946年7月15日）：

这几天，大家晓得，在昆明出现了历史上最卑劣最无耻的事情！李先生究竟犯了什么罪，竟遭此毒手？他只不过用笔写写文章，用嘴说说话，而他所写的，所说的，都无非是一个没有失掉良心的中国人

的话！大家都有一支笔，有一张嘴，有什么理由拿出来讲啊！有事实拿出来说啊！为什么要打要杀，而且又不敢光明正大地来打来杀，而偷偷摸摸地来暗杀！

简短的几句话，揭发了国民党反动派暗杀民主斗士李公朴先生的卑劣行径，激起在场听众的愤慨，使大家更加看清了国民党反动派的真面目，进一步掀起了反对内战的和平民主运动的怒潮。

学习一种陌生的语言，只是听、不重视"多说"，是绝对学不好的。说，首先要大胆，不能因为初学、说得不标准就不敢说。中老年人见多识广，经验丰富，观察理解的能力都比较强，这是与别人交际时的优势，上了年纪初学普通话说得不准，也是别人容易谅解的。只要壮着胆子说，在说的过程中多总结经验教训，向说得好的人学习，就必定可以逐步得到提高。总是觉得自己的水平不高，不敢说，把自己禁锢起来，就会越来越开不了口。

要想锻炼自己的普通话，就要争取扩大交际圈，不能老是局限在同乡、熟人的小圈子里说家乡话。多和外地人接触，和不同年龄段、不同文化程度的人交往，不但对学习普通话有益，而且可以丰富个人生活，扩大知识面，保持活力。

在迈出敢说、爱说这一步之后，就应该致力于提高普通话水平。在社会生活不断更新的情况下，普通话也在不断地变化发展，应该多从听广播、看电视中吸收新词语、新句型，更新表达方法。改革开放以来，每年出现的新词语都在千条以上。随着新事物的更替，新词语也不断翻新，例如"寻呼机、大哥大、BB机、手机"。有的新词语还不断地扩展，例如有了网络之后，就有"网友、网民、网吧、网站、网迷、网虫"；有了的士之后，就有"的哥、的姐、打的、面的"；房地产兴起之后，有"房市、楼市、楼花、楼盘、炒楼、炒房、烂尾楼、写字楼"。有的新词语来自方言或外国语，例如"派对、红筹股、买单、鬼佬、乌龙、拍拖"。如果对新词语不加留意，就会连报纸、广告都看不懂，读不下去。

此外，还得多思考：和不同的人交谈，谈论不同的内容，采取不同的谈话态度，为了达到不同的谈话目的，说起话来应该有什么区别。

名篇里有许多对话是名家经过仔细推敲写下的，在读这些段落的时候要认真体会其中的奥妙。这里举一段鲁迅在《祝福》中写的祥林嫂的一段问话：

"你回来了？"她先这样问。

"是的。"

"这正好。你是识字的，又是出门人，见识得多。我正要问你一件事——"她那没有精采的眼睛忽然发光了。

我万料不到她却说出这样的话来，诧异的站着。

"就是——"她走近两步，放低了声音，极秘密似的切切的说，"一个人死了之后，究竟有没有魂灵的？"

仔细琢磨这一段话，就能发现，在祥林嫂所处的令人绝望的情境之下，从她口中说出来的话语是那样切合实际，简直是一字难改。这就是从阅读中学习说话的好例子。

如果细分，说话有好多类别。有备的独白可以是描述、复述、评述、解说、演讲，这是领导人、教师、专家、作家、导游、博物馆或展览馆的讲解员的任务，需要预先撰稿并进行专门训练，至少得熟读讲稿。对一般人来说，更常见的说话则是随机的应答，包括没有重要主题的问候、咨询、日常会话和聊天以及有一定主题的讨论、评论、辩论。

这里再举鲁迅在《故乡》这篇小说里写的闰土在少年和中年两个不同时期的两段话：

"这不能。须大雪下了才好。我们沙地上，下了雪，我扫出一块空地来，用短棒支起一个大竹匾，撒下秕谷，看鸟雀来吃时，我远远地将缚在棒子上的绳子只一拉，那鸟雀就罩在竹匾下了。什么都有：稻鸡，角鸡，鹁鸪，蓝背……"

"老太太。信是早收到了。我实在喜欢的了不得，知道老爷回来……"闰土说。

"阿，你怎的这样客气起来。你们先前不是哥弟称呼么？还是照旧：迅哥儿。"母亲高兴的说。

"阿呀，老太太真是……这成什么规矩。那时是孩子，不懂事……"

前者是天真活泼的少年说的富于朝气的话，后者则是饱经风霜的劳苦农夫自卑畏缩、不知所措的断断续续的言语。这两段同一个人的完全不同味道的话，只有看透了时代和人生的大手笔才能写得出来，很值得玩味。

附录：普通话朗读作品

一

　　我爱月夜（Wǒ ài yuèyè），但我也爱星天（dàn wǒ yě ài xīngtiān）。从前在家乡七八月的夜晚在庭院里纳凉的时候（Cóngqián zài jiāxiāng qī-bāyuè de yèwǎn zài tíngyuàn·lǐ nàliáng de shíhou），我最爱看天上密密麻麻的繁星（wǒ zuì ài kàn tiān·shàng mìmìmámá de fánxīng）。望着星天（Wàngzhe xīngtiān），我就会忘记一切（wǒ jiù huì wàngjì yīqiè），仿佛回到了母亲的怀里似的（fǎngfú huídàole mǔ·qīn de huái·lǐ shìde）。

　　三年前在南京我住的地方有一道后门（Sān nián qián zài Nánjīng wǒ zhù de dìfang yǒu yī dào hòumén），每晚我打开后门（měi wǎn wǒ dǎkāi hòumén），便看见一个静寂的夜（biàn kàn·jiàn yī gè jìngjì de yè）。下面是一片菜园（Xià·miàn shì yī piàn càiyuán），上面是星群密布的蓝天（shàng·miàn shì xīngqún mìbù de lántiān）。星光在我们的肉眼里虽然微小（Xīngguāng zài wǒmen de ròuyǎn·lǐ suīrán wēixiǎo），然而它使我们觉得光明无处不在（rán'ér tā shǐ wǒmen jué·dé guāngmíng wúchù-bùzài）。那时候我正在读一些天文学的书（Nà shíhou wǒ zhèngzài dú yīxiē tiānwénxué de shū），也认得一些星星（yě rènde yīxiē xīngxing），好像它们就是我的朋友（hǎoxiàng tāmen jiùshì wǒ de péngyou），它们常常在和我谈话一样（tāmen chángcháng zài hé wǒ tánhuà yīyàng）。

　　如今在海上（Rújīn zài hǎi·shàng），每晚和繁星相对（měi wǎn hé fánxīng xiāngduì），我把它们认得很熟了（wǒ bǎ tāmen rènde hěn shú le）。我躺在舱面上（Wǒ tǎng zài cāngmiàn·shàng），仰望天空（yǎngwàng tiānkōng）。深蓝色的天空里悬着无数半明半昧的星

（Shēnlánsè de tiānkōng·lǐ xuánzhe wúshù bànmíng–bànmèi de xīng）。船在动（Chuán zài dòng），星也在动（xīng yě zài dòng），它们是这样低（tāmen shì zhèyàng dī），真是摇摇欲坠呢（zhēn shì yáoyáo–yùzhuì ne）！渐渐地我的眼睛模糊了（Jiànjiàn de wǒ de yǎnjing móhu le），我好像看见无数萤火虫在我的周围飞舞（wǒ hǎoxiàng kàn·jiàn wúshù yínghuǒchóng zài wǒ de zhōuwéi fēiwǔ）。海上的夜是柔和的（Hǎi·shàng de yè shì róuhé de），是静寂的（shì jìngjì de），是梦幻的（shì mènghuàn de）。我望着许多认识的星（Wǒ wàngzhe xǔduō rènshi de xīng），我仿佛看见它们在对我眨眼（wǒ fǎngfú kàn·jiàn tāmen zài duì wǒ zhǎyǎn），我仿佛听见它们在小声说话（wǒ fǎngfú tīng·jiàn tāmen zài xiǎoshēng shuōhuà）。这时我忘记了一切（Zhèshí wǒ wàngjìle yīqiè）。在星的怀抱中我微笑着（Zài xīng de huáibào zhōng wǒ wēixiàozhe），我沉睡着（wǒ chénshuì·zhe）。我觉得自己是一个小孩子（Wǒ jué·dé zìjǐ shì yī gè xiǎoháizi），现在睡在母亲的怀里了（xiànzài shuì zài mǔ·qīn de huái·lǐ le）。

有一夜（Yǒu yī yè），那个在哥伦波上船的英国人指给我看天上的巨人（nàge zài Gēlúnbō shàng chuán de Yīngguórén zhǐ gěi wǒ kàn tiān·shàng de jùrén）。他用手指着（Tā yòng shǒu zhǐzhe）：// 那四颗明亮的星是头（nà sì kē míngliàng de xīng shì tóu），下面的几颗是身子（xià·miàn de jǐ kē shì shēnzi），这几颗是手（zhè jǐ kē shì shǒu），那几颗是腿和脚（nà jǐ kē shì tuǐ hé jiǎo），还有三颗星算是腰带（hái yǒu sān kē xīng suànshì yāodài）。经他这一番指点（Jīng tā zhè yīfān zhǐdiǎn），我果然看清楚了那个天上的巨人（wǒ guǒrán kàn qīngchule nàge tiān·shàng de jùrén）。看（Kàn），那个巨人还在跑呢（nàge jùrén hái zài pǎo ne）！

节选自巴金《繁星》

注意：

（1）本文 ing 韵的字较多，应注意练习。

（2）时候、地方、朋友、眼睛、模糊，是轻声词。

（3）表示方位的"上"要读得轻一些。

（4）"似的"的"似"是翘舌音，"相似""近似""似乎"等词中的"似"都是平舌音。

（5）他用手 / 指着，注意停连。

二

夕阳落山不久（Xīyáng luòshān bùjiǔ），西方的天空（xīfāng de tiānkōng），还燃烧着一片橘红色的晚霞（hái ránshāozhe yī piàn júhóngsè de wǎnxiá）。大海（Dàhǎi），也被这霞光染成了红色（yě bèi zhè xiáguāng rǎnchéngle hóngsè），而且比天空的景色更要壮观（érqiě bǐ tiānkōng de jǐngsè gèng yào zhuàngguān）。因为它是活动的（Yīn·wèi tā shì huó·dòng de），每当一排排波浪涌起的时候（měi dāng yīpáipái bōlàng yǒngqǐ de shíhou），那映照在浪峰上的霞光（nà yìngzhào zài làngfēng·shàng de xiáguāng），又红又亮（yòu hóng yòu liàng），简直就像一片片霍霍燃烧着的火焰（jiǎnzhí jiù xiàng yīpiànpiàn huòhuò ránshāozhe de huǒyàn），闪烁着（shǎnshuòzhe），消失了（xiāoshī le）。而后面的一排（Ér hòu·miàn de yī pái），又闪烁着（yòu shǎnshuòzhe），滚动着（gǔndòngzhe），涌了过来（yǒngle guò·lái）。

天空的霞光渐渐地淡下去了（Tiānkōng de xiáguāng jiànjiàn de dàn xià·qù le），深红的颜色变成了绯红（shēnhóng de yánsè biàn·chéngle fēihóng），绯红又变为浅红（fēihóng yòu biànwéi qiǎnhóng）。最后（Zuìhòu），当这一切红光都消失了的时候（dāng zhè yīqiè hóngguāng dōu xiāoshīle de shíhou），那突然显得高而远了的天空（nà

tūrán xiǎn·dé gāo ér yuǎn le de tiānkōng），则呈现出一片肃穆的神色

（zé chéngxiàn chū yī piàn sùmù de shénsè）。最早出现的启明星（Zuì

zǎo chūxiàn de qǐmíngxīng），在这蓝色的天幕上闪烁起来了（zài zhè

lánsè de tiānmù·shàng shǎnshuò qǐ·lái le）。它是那么大（Tā shì nàme

dà），那么亮（nàme liàng），整个广漠的天幕上只有它在那里放射着令

人注目的光辉（zhěnggè guǎngmò de tiānmù·shàng zhǐyǒu tā zài nà·lǐ

fàngshèzhe lìng rén zhùmù de guānghuī），活像一盏悬挂在高空的明

灯（huóxiàng yī zhǎn xuánguà zài gāokōng de míngdēng）。

夜色加浓（Yèsè jiā nóng），苍空中的"明灯"越来越多了

（cāngkōng zhōng de "míngdēng" yuè lái yuè duō le）。而城市各处的

真的灯火也次第亮了起来（Ér chéngshì gè chù de zhēn de dēnghuǒ

yě cìdì liàngle qǐ·lái），尤其是围绕在海港周围山坡上的那一片灯光

（yóuqí shì wéirào zài hǎigǎng zhōuwéi shānpō·shàng de nà yī piàn

dēngguāng），从半空倒映在乌蓝的海面上（cóng bànkōng dàoyìng

zài wūlán de hǎimiàn·shàng），随着波浪（suízhe bōlàng），晃动着

（huàngdòngzhe），闪烁着（shǎnshuòzhe），像一串流动着的珍珠

（xiàng yī chuàn liúdòngzhe de zhēnzhū），和那一片片密布在苍穹里的

星斗互相辉映（hé nà yīpiànpiàn mìbù zài cāngqióng·lǐ de xīngdǒu

hùxiāng huīyìng），煞是好看（shà shì hǎokàn）。

在这幽美的夜色中（Zài zhè yōuměi de yèsè zhōng），我踏着软

绵绵的沙滩（wǒ tàzhe ruǎnmiánmián de shātān），沿着海边（yánzhe

hǎibiān），慢慢地向前走去（mànmàn de xiàngqián zǒu·qù）。海水

（Hǎishuǐ），轻轻地抚摸着细软的沙滩（qīngqīng de fǔmōzhe xìruǎn de

shātān），发出温柔的 // 唰唰声（fāchū wēnróu de// shuāshuā shēng）。

节选自峻青《海滨仲夏夜》

注意：

（1）"一排排"中的"一"读去声。"一片片"中的"一"读阳平。

（2）时候，轻声词。

（3）注意"绯红""广漠""苍穹"的读音。

（4）"肃穆"的"肃"是平舌音。

（5）次第：一个挨一个地。

（6）煞是好看：很好看。